JN023790

得意を活かす英単語帳シリーズ V

for サッカーファン・サッカー部員

サッカーから学べる
らくらく
英単語読本

⚽ TOEIC対応！500語収録

小林一夫
Kazuo Kobayashi

Parade Books

読者の方々へ

「意外で面白いキャッチコピー」をまず読もう

　一般的に言って、英単語の本を最後まで読み通すことは難しいといってよいでしょう。一つの英単語をマスターする、1ページを読むだけでもかなりのエネルギーが必要となります。

　このため本書では、最初に日本語のキャッチコピー（四角で囲った部分）を置き、サッカーで日常的に使われているカタカナ語の一般的な英語の意味をはじめとして、その変化形、類語などをエピソード的に紹介しています。まず、ここから読んでください。これならかなり簡単ですが、それでも相当に大きなご利益があります。多くの単語の意味をイメージ的にも掴むことができ、サッカー用語に対する理解、関連する常識・ウンチクも大いに深まるでしょう。

　その上で、興味や理解に応じて、英単語やその用例が記載されている部分に進んでいただければよいです。

　さらに、付け加えれば、英単語には使用頻度が明示されていますので、初学者は※印の基本単語に、大学・TOEIC受験者などは☆印の重要単語に重点的に取り組んでいただきたいと思います。

　またいうまでもなく、英単語の意味は大方多様ですが、ここでは、最初に記載されたものをしっかりと理解していただければと思います。

　また、動詞などは多くは自動詞・他動詞がありますが、ここでは多く使われるものを基本としています。

　著者としては、読者がサッカーで使われるカタカナ語が、意外にも多くの重要単語とつながっていることに驚き、最終ページまで行き着くことを何よりも念願する次第です。

　余談ともなりますが、本書に収録されている英単語は、500語余りあります。これを電話番号のように機械的に記憶するには、超人的な努力を要することは言を待ちません。

著者　小林一夫

注）単語の重要頻度　　※…基本単語　　☆…重要単語　　★…次位重要単語

目次

3

4　プレーヤーなど

5　その他

1 基本技術

001 パス ― 味方の選手にボールを送ること

> パスは「通る」が原義で、スポーツのパス（送球）の他、定期のパス、試験のパス、パスワード、パスポート、コンパスなど様々に使われているが、サパァスとなれば「～にまさる」、トレスパスとなれば「越える」となる。パスタイムは「気晴らし」だ。

※ **pass** [パァス]

自動・他動 通る、通り過ぎる、合格する、（ボールを）パスする

pass across a bridge　橋を渡る

Two years passed (by).　2年が過ぎた。

pass in the examination　試験に合格する

名 許可証・パス、合格、山道、送球（パス）

a free pass　無料入場券

get a pass　普通卒業学位を得る

a mountain pass　山道

a clever pass to the forward　フォワードへの巧妙なパス

語源 pass（通る）

類語

★ **surpass** [サパァス]「sur－beyond（～を越えて）：pass（通る）＝超える」

他動 ～にまさる、～を越える

He surpasses me in mathematics.
　彼は数学で私にまさっている。

My marks surpassed expectation.
　私の成績は予想以上だった。

★ **trespass** [トレスパス]「tres－across（横切って）：pass（通る）→侵入する」

自動 （他人の土地へ）侵入する、（他人の権利を）侵害する

You must not trespass on another's land.

君は他人の土地に侵入してはいけない。

They trespassed on my rights. 彼らは私の権利を侵害した。

☆ passport [パスポート]「pass(通る):port(港)＝旅行免状」

名 旅券・パスポート

★ pastime [パァスタイム]「pass(通る):time(時)」

名 気晴らし・娯楽

Painting is a good pastime.

絵を描くことは良い気晴らしになる。

★ compass [カァンパス]「com−together(共に):pass(通る)」

名 周囲・範囲、磁石・羅針盤、(製図用の)コンパス

fifty miles in compass 周囲50マイル

the points of compass 羅針盤の方位

───☆ passage [パァセッヂ]

名 通行、通路、航海・旅、(文の)一節・楽節

No passage this way. この道通るべからず。

a passage through a building 建物の中の通路

a smooth passage 平穏な航海

a passage from the Bible 聖書の一節

───☆ passenger [パァセンヂャ]

名 乗客・旅客

a passenger train 旅客列車

002 ダイレクト(パス) ── 受けたボールを止めることなく、直接味方に送るパス

ダイレクトは「直接の」であるが、動詞は「命令する・指示する」だ。ディレクターは「取締役・監督」、ディレクションは「指図・方向」となる。さらにコレクトとなれば「訂正する・正しい」、エレクトとなれば「直立させる・直立した」である。直立原人「ホモ・エレク

トス」に聞き覚えのある人もいよう。

☆ direct [ディレクト]

形 まっすぐな、直接の、率直な

a direct line　直線

a direct tax　直接税

Give me a direct answer.　率直に答えて下さい。

他動・自動 命令する、〜を〜に向ける、指揮する

He directed her to keep the secret.

彼は彼女に秘密を守るようにと命じた。

Direct your attention to the signal.　信号に注意しなさい。

direct an orchestra　オーケストラを指揮する

──☆ direction [ディレクション]

名 方向、指導、命令

from all directions　四方八方から

under the direction of　〜の指導の下に

give directions　指図する

──☆ director [ディレクタ]

名 指導者・取締役、(映画の)**監督**・(テレビなどの)**ディレクター**

a board of directors　取締役会

a stage director　演出家

──☆ directory [ディレクトリ]

名 住所録・人名簿

a telephone directory　電話帳

──☆ indirect [インディレクト]

形 間接の、遠回りの

an indirect tax　間接税

an indirect route　回り道

語源 di－apart(別に)：**rect**－straight(まっすぐな)、right(正しい)＝別々

7

に正しくする

類語

※ correct［コレクト］「cor－fully（全く）：rect－まっすぐな、正しい」

　　形 正しい、適当な・礼儀正しい

　　　　a correct answer　正解

　　　　correct manners　礼儀正しい作法

　　他動 訂正する・直す

　　　　Correct mistakes, if any.　誤りがあれば訂正しなさい。

　　──☆ correction［コレクション］

　　　　　　名 訂正・修正

　　　　　　　　be beyond correction　直しようがない

☆ erect［イレクト］「e－up（上に）：rect（まっすぐな）」

　　他動 直立させる、建設する

　　　　erect oneself　体をまっすぐにする

　　　　The house was erected thirty years ago.

　　　　　その家は30年前に建てられた。

★ rector［レクタ］「rect（まっすぐにする）：or（人を表わす）名詞語尾→人を正し
くする者」

　　名 教区長 英・教区牧師 米、（学校・大学などの）校長・学長

---

003 スルー（パス）── 守備陣の間を通して、守備ラインの後ろに出すパス

スルーは「通しの、～を通して、くまなく」だ。野球などの球技で
よく使われるフォロースルー、ゴルフのスルー・ザ・グリーンはご
案内の向きもあろう。近年では「スルーする」といった表現も時と
して耳にする。

※ through［スルー］

　　形 通しの

a through train　直通列車

前 ～を通して、～をくまなく、～が終って、～によって

see through the glasses　めがねを通して見る

all through the world　世界中くまなく

read through a book　本を読み終る

through observation　観察によって

副 通して、終りまで、全く、仕上げて

You cannot pass through.　通り抜け出来ない。

read a book through　本を読み通す

I'm wet through to the skin.　私はびしょぬれになった。

I am through with my work at last.

　私はやっと仕事を済ませた。

☆ **throughout**［スルーアウト］

副 すっかり、始終

be ripe throughout　すっかり熟している

sit still throughout　最後までじっと座っている

前 ～を通して、至る所

throughout the year　年がら年中

throughout Japan　日本中くまなく

004 リターン（パス） ─ パスを出した味方のプレーヤーにもう一度ボールを戻すパス

リターンは「帰る・返す、返却」で、近年は「リターンが大きい」など「収益・報酬」の意味でよく使われている。ターン（回る・変える）につながっていることは言うまでもないだろう。さらに言えば、ツアー（旅行）、トーナメント（試合）にもつながっている。

※ **return**［リタ～ン］

自動・他動 帰る・もどる・返す

return home　帰宅（国）する

return the ball over the net

 (テニスで)ネットを越してボールを打ち返す

名 帰り、返却、くり返し、収益・報酬

 on his return　彼が帰ると

 I asked him the return of the book.

  彼に本を返してくれとたのんだ。

 the return of the season　季節のめぐり

 give a return　報酬を出す

── **returnee** [リタ～ニー]

   名 (旅行などから)**帰った人、復学者**

語源 re－back：**turn**(廻る)＝廻ってもどる

類語

※ **turn** [タ～ン]

 他動・自動 回転させる、曲がる、向きを変える、変える

 turn a handle　取手を回す

 turn a street corner　町かどを曲がる

 He turned his head toward the window.

  彼は窓の方へ頭を向けた。

 turn water into ice　水を氷に変える

 名 回転、曲がること・曲がりかど、変化、順番

 the turn of a wheel　車輪の回転

 No Left Turn.　左折禁止(掲示の文句)

 the turn of the tide　潮の変化、形勢の逆転

 My turn has come.　私の番が来た。

── ★ **turning** [タ～ニング]

   名 曲がりかど

   It is a long lane that has no turning.

    待てば海路の日よりあり。《諺》

☆ **tour** [トゥア]「tour－turn(廻る)」

名 (あちこちに立ち寄る)**観光旅行**、(劇団・スポーツ団体などの)**巡業**

He made a tour of Europe. 彼はヨーロッパ旅行をした。

go on tour 巡業に出る

他動・自動 旅行する・周遊する、巡業する

tour Southeast Asia 東南アジアを旅行する

The singer toured Hokkaido. その歌手は北海道を巡業した。

☆tourist [トゥ〜リスト]

名 旅行者・観光客

a tourist bureau 観光案内所・旅行案内所

☆tournament [ター〜ナメント]「馬首をぐるぐる回して行う騎士の馬上試合」

名 (勝ち抜きの)**試合**、(中世騎士の)**馬上試合**

a chess tournament 将棋戦

---

005 クロス(パス) ── フィールドを横切って反対側に送るパス

クロスは「横切る・反対の、十字架」である。クロスワード、クロスファイヤー (野球)、クロスオーバー (音楽) など様々に使われているから感じがつかみやすい。レッドクロスとなれば「赤十字」、ノークロッシングとなれば「横断禁止」である。さらに言えば、クルーズ (航行)、クルーザーにもつながっている。

※cross [クロース]

形 横切る、反対の

a cross street 交差した道路

cross winds 逆風

名 十字架、(the C-)キリスト教、苦難、十字形

die on the cross はりつけになる

a soldier of the Cross 十字軍戦士

No cross no crown. 苦は楽の種。《諺》

the Red Cross　赤十字

他動・自動 交差させる、横切る

cross one's arms　腕を組む

cross a road　道を横切る

── ☆ **crossing** [クロースィング]

　　名 横断、交差点

　　　No crossing.　横断禁止。(掲示の文句)

　　　an overhead crossing　立体交差点

── ★ **crusade** [クルーセイド] 「十字架のための軍」

　　名 十字軍・聖戦、改革運動

　　　a crusade for eternal peace　永遠の平和のための聖戦

── ☆ **crusader** [クルーセイダ]

　　名 十字軍戦士、改革運動者(参考　歌手グループ「フォーククルーセーダーズ」)

── ☆ **crucial** [クルーシャル] 「十字架の」

　　形 重大な、苦難の

　　　a crucial decision　重大決定

　　　go through a crucial period　苦難の時期を通る

── ☆ **cruise** [クルーズ] 「海上をcross(横断)する」

　　他動 巡航する

　　　cruise along the coast　沿岸を巡航する

　　名 巡洋航海、巡回

　　　go on a cruise　巡洋航海に出かける

── ★ **cruiser** [クルーザ]

　　名 巡洋艦、遊覧用ヨット・クルザー

006 フィード(パス) ── ボールをオープンスペースへ送り、味方を走り込ませるパス

フィードは「食物を与える・養う・供給する」だ。フードとなれば「食料」である。こちらはファーストフードでおなじみだろう。フィード

バック、フィダー（給電線）をご案内の向きも少なくないだろう。

※feed［フィード］

（他動・自動）(fed, fed) **食物を与える・養う、(原料を)供給する**

　feed the chicken　ニワトリにえさをやる

　feed the engine with water　エンジンに給水する

名 **食料・飼料**

　There's not enough feed for the horses.

　馬にやるかいばが十分にない。

☆feedback［フィードバック］

名 **フィードバック、反応**

※food［フード］

名 **食料、(精神的)糧(かて)・材料**

　fast food　ファーストフード

　mental food　心の糧(書籍など)

☆feeder［フィーダ］

名 **食い手、機械に原料を送り込む装置・給電線・フィダー**

　a large feeder　大食家

007 トライアングル（パス）── 三角パス

トライアングルは「三角形」、トライは「3」の意で、アングルは「角度」である。この変化形としてトリオ、トリプルあたりは分かりやすいが、トリニティとなるといささか難しい。キリスト教の基本的教義である「三位一体」で、教育機関などの名称としてよく用いられている。

★triangle［トゥライアングル］

名 **三角形、三角定規、三人組、(音楽)トライアングル**

　triangular［トゥライアンギュラー］

（形）三角（形）の、三者間の

a triangular treaty　三国条約

語源 tri（3）：angle（角）

類語

☆ **triple** [トゥリプル] 「tri – three（3）：ple – fold（重ねる）」

（形）三倍の、三重の

a triple price　三倍の値段

a triple window　三重窓

（他動・自動）三倍にする

He tripled his income.　彼は収入を三倍にした。

☆ **trio** [トゥリーオウ]

（名）三重奏（唱）・三重奏団・トリオ、三つ組・三人組

★ **trinity** [トゥリニティ]

（名）(the T～)三位一体(キリスト教で、父なる神と子なるキリストと聖霊とが形式は三つであるがその実態は一体であるとすること)、三つ組・三人組

└─☆ **angle** [アングル]

（名）角、角度

at right angle　直角に

from different angles　いろいろ違った角度から

---

008 キック ── ボールを足で蹴ること

キックは「蹴る・蹴り」とあっけないが、キックオフとなると「試合の開始・物事の始まり・開始」、キックバックは「不正な割戻金」である。まったくの余談ともなるが、サッカーはかって「蹴球」と言われた。さらにあえて余談を重ねると、サッカーの名称はアソシエーション（協会）フットボールのスペルに由来している。

☆kick [キック]

他動・自動 蹴る

He kicked me in the back.　彼は私の背中を蹴った。

kick off　脱ぎ捨てる、開始する・キックオフする

名 蹴ること・蹴り

He gave the door a kick.　彼はドアを蹴った。

── ★kickback [キックバック]

名 不正な割戻金

── kickoff [キックオフ]

名 (サッカーなどの)**キックオフ・試合の開始、物事の始め** ロ

009 (イン)フロント(キック) ── 足の前内側(親指のつけ根あたり)をボールの下に差し込むようにして蹴るキック。強烈なボールにはならないが、長くて正確なパスが出せる

フロントは「前面・最前線」だ。確かにホテルのフロントはホテルの最前線と言えるだろう。フロンティアとなれば「国境・辺境・最前線」である。フロンティアスピリットはまさしく辺境に挑むのだ。さらに、コンフロントとなれば「立ち向かう」である。

※front [フラント]

名 前面・正面、最前線・戦線、(ホテル)フロント

in front of　〜の前に

go to the front　最前線に出る、戦場に行く

形 前面の

a front garden　前庭

自動・他動 面する・面と向かう

The house fronts on the lake.　その家は湖に面している。

front danger　危険に立ち向かう

──☆frontier [フランティア]

15

名 国境・辺境 ⦿ 、最前線

a town on the frontier　国境の町

the frontiers of knowledge　知識の最前線

語源 front – forehead（額）、front（正面）

類語

☆ confront［コンフラント］「con – together（ともに）：front（面する）＝向かい合う」

他動 立ち向かう

confront danger　危険に立ち向かう

★ affront［アフラント］「af – to：front – front（面する）」

他動 （危険などに）立ち向かう

The boys affronted each other with sticks in their hands.

子供達は手に棒切れを持って向かい合った。

---

010 チップ（キック）── ボールを浮かせるため、ボールの下面を切るように蹴るキック。相手の頭越しにパスを送りたい時などに用いる

チップは「薄く切る、切れはし・薄切り」だ。ゲームのチップ（点棒）、ポテトチップスが分かりやすい用例だろう。余談ともなるが、「フィッシュ・アンド・チップス」と言えば英国の代表的な大衆料理である。

★ chip［チップ］

名 切れはし、小片・薄切り・ポテトチップス、（ゲームで使う）点棒・チップ

Gather chips of wood to start the fire.

火をおこすために木片を集めなさい。

fish and chips　ポテトチップ付きの魚のフライ（英国の大衆料理）

（他動・自動） 薄く切る・そぐ

chip potatoes　じゃがいもを薄切りする

---

011 バイシクル（キック）── 高い浮き球をジャンプし、体を水平に浮かして後方に
蹴るキック。蹴る時、自転車をこぐような姿勢となる

バイシクルは「自転車」、バイは「2」の意、サイクルは「輪」だ。
バイの方は、近年、バイリンガルや性差別のLGBTで注目されて
いるが、ここでは説明を省略しよう。サイクルの方は、電気のサイ
クル、サイクリングなどもあるが、世界百科事典、「エンサイクロ
ペディア」となればかなり重量感がある。余談ともなるが、このバ
イシクルキックに似た曲芸的なキックとしてシザースキックがある
が、こちらは「ハサミ」である。

※bicycle［バイスィカル］

　　（名） 自転車

（語源） bi（二つの）：cycle（輪）
（類語）
★binary［バイナリ］

　　（形） 二つの部分から成る

　　　the binary scale　二進法

　└─ biennial［バイエニアル］「bi（二つの）：enni（year）：al（形容詞語
　　　尾）」

　　　　（形） 二年毎の・二年間の

　　　　（名） 二年毎の行事

☆cycle［サイクル］

　　（名） 周期・循環、自転車、（電気）サイクル

　　　the cycle theory　景気循環説

　　　ride a cycle　自転車に乗る

　　　　　自動 自転車に乗る、循環する
　　　─ ★cycling［サイクリング］
　　　　　　　名 自転車に乗ること・サイクリング
　　　└─ cyclic［サイクリック］
　　　　　　　形 周期(的)の
encyclical［エンサイクリカル］「en－in：cycl(輪)：ical(形容詞語尾)」
　　　　　　形 回覧の・回状の
　　　　　　名 (ローマ教皇の)回状
　　　└─ ★encyclopedia, －paedia［エンサイクロピーディア］「pediaは教
　　　　　　育の意」
　　　　　　名 百科辞典
　　　　　　　　The Encyclopedia Britannica　ブリタニカ百科辞典

---

012 ドロップ（キック） ── ボールを地面に落とし、跳ね上がる瞬間に蹴るキックで
　　　　　　　　　　　　　ゴールキーパーが行う

ドロップは「落とす・垂らす、落下・しずく」である。飴玉のドロッ
プは大方お馴染みだろう。これがドロップ・アウトとなれば「中途退
学者・脱落者」だ。感じがよく分かる言葉ではないだろうか。

　※drop［ドゥラップ］
　　　　名 しずく・一滴、落下、ドロップ(あめ玉)
　　　　　a drop of rain　雨のしずく
　　　　　a drop in prices　値下がり
　　　他動・自動 垂(た)らす、落とす
　　　　　drop lemon juice into the tea　紅茶にレモンの汁を垂らす
　　　　　drop one's voice　声を落とす
　　─ ★dropout［ドゥラプアウト］
　　　　　名 中途退学者・脱落者・ドロップアウト

013 プレース（キック）── ボールを地面に置いて蹴るキック。競技の開始・再開の際に行われる

プレースは「場所、置く」、プレースメントは「配置・採用」だ。リプレースとなれば「元の所に置く・取り替える」である。ゴルフではよく使われる言葉だ。ディスプレースとなれば「置き換える」となる。余談ともなるが、プレースメントテストはクラス分けのための英語のテスト、プレースメントオフィスは大学などの就職課である。

※ place［プレイス］

名 場所・土地、座席、職、地位

one's native place　故郷

take one's place　着席する

lose one's place　職を失う

Shakespeare's place in English literature
　英文学におけるシェイクスピアの地位

take place　（事件などが）起こる

他動・自動 置く・配置する

I am placed in a difficult position.
　私はむずかしい立場に置かれている。

── ★ placement［プレイスメント］

名 配置・置くこと、採用

a placement agency　職業紹介所 ㊍

語源 place（置く、場所）

類語

☆ replace［リプレイス］「re－again（再び）：place（置く、場所）」

他動 元の所へ置く・返す、〜に取って代わる・取り替える

Please replace the book on the desk.
　本を机の上にもどしなさい。

Oil has replaced coal. 石油が石炭に取って代わった。

☆ displace [ディスプレイス]「dis－apart：place（置く）」

他動 置き換える・取って代わる

The streetcar was displaced by the bus.
市街電車はバスに取って代わられた。

---

014 シュート ── 得点するためにゴールに向かってボールを蹴ること

シュートは「打つ・放つ」、ショットは「発射・銃声」である。ゴルフでは「ナイスショット」、野球では「ウイニングショット」がよく使われる。ショットガンとなれば「散弾銃」だ。写真のスナップショット、映画のロングショットもある。

※ shoot [シュート]

他動・自動 (shot, shot) 撃つ、放つ・出す、（映画を）撮影する、ゴールにシュートする

shoot a lion　ライオンを撃つ

He shot questions at her.　彼は彼女に質問をあびせた。

shoot a scene for a war film
戦争映画のために一場面を撮影する

☆ shot [シャット]

名 発射・銃声、弾丸、撮影、（球技）投げ・打ち・けり

I heard a shot.　私は銃声を聞いた。

fire a shot　弾を撃つ

a long shot　遠写し・ロングショット

★ shotgun [シャットガン]「gun（銃）」

名 散弾銃・猟銃・ショットガン

★ snapshot [スナァップシャット]「snap＝パチリという音」

名 スナップ写真（スナップショット）

015 ボレー（シュート）─ 空中に浮いているボールを（トラップせずに）直接蹴る
シュート

ボレーは「一斉射撃・（悪口・質問などの）連発」で、テニスのボ
レーと同じである。そういえば、発音が少し異なるが、バレーボー
ルのバレーも同じである。

★ volley [ヴァリ]

　名 **一斉射撃・**（悪口、質問などの）**連発、**（テニス、サッカーなどの）**ボレー**

　　volley of question　矢つぎばやの質問

　自動・他動 **一斉射撃をする、**（テニス、サッカーなどで）**ボレーをする**

　★ volleyball [ヴァリボール]

　　名 バレーボール

016 ミドル（シュート）─ 中距離のシュート

ミドルは「真ん中の・中ぐらいの」だ。中年のミドル、中間管理職
のミドルが分かりやすい用例だろう。メディウムとなれば「中間」
で、エムサイズのMである。この複数形がマスメディアのメディア
なのある。「中間」から「媒体」となるのだ。少し難しいが、サービ
スとしてメディタレーニアン（地中海）を付けておこう。「陸地の真
ん中」の意である。

※ middle [ミドル]

　形 真ん中の・中央の、中ぐらいの

　　She is in her middle thirties.　彼女は30代半ばだ。

　　a man of middle height　中背の人

　名 真ん中・中央、（人体の）胴・腰

　　the middle of the road　道の真ん中

　　You are getting fatter round the middle.

胴回りが肥ってきたね。

語源 mid（真ん中の、中間の）より

類語

☆mediate［ミーディエイト］「medi－mid（中間）：ate（動詞語尾・容詞語尾）＝間に入る」

自動・他動 仲介する・調停する

He mediated between the two parties.
彼は両派を調停した。

形 間接の、仲介の

☆immediate［イミーディエット］「im－not」

形 直接の、即時の

an immediate cause　直接の原因
immediate payment　即時払い

└─☆immediately［イミーディエトリ］

副 すぐに、直接に

She'll be here almost immediately.
彼女はもうすぐここに来るでしょう。
I heard the news immediately from her.
私はその知らせを彼女から直接聞いた。

☆medium［ミーディアム］「medi－mid（中間の）：um（名詞語尾）」

名 中間、媒介物・手段、（複数 media）マスコミの媒体・マスメディア

a happy medium　ほどよい程度、中庸
a medium of communication　通信（交通）の手段

形 中間の・並の

medium size　Mサイズ

☆medieval［ミーディイーヴァル］「medi－mid（中間の）：(a)ev－age：al（形容詞語尾）」

形 中世の・中世風の

medieval history　中世史

☆Mediterranean［メディタ**レ**イニアン］「medi-mid（中間の）：terrane（陸地）：an（形容詞語尾）」

形 地中海の

He made a tour of the Mediterranean islands.

彼は地中海の島巡りをした。

名 (the ～)地中海

---

017 ロング（シュート）─ 長距離のシュート

ロングは「長い」とあっけないが、動詞としては「切望する・待ち望む」の意味があることに注意しよう。首を長くする感じだろうか。ローンギングとなれば「切望」、レングスとなれば「長さ・縦」である。

※long［ロ**ー**ング］

形 長い（距離、時間）、長さが～の

for a long time　長い間

a book sixty pages long　60ページの本

自動 切望する・あこがれる

We all long for peace.　私たちは皆平和を切望する。

── ★longing［ロ**ー**ンギング］

名 切望・あこがれ

He has a longing to go camping.

彼はキャンプに行きたがっている。

── ☆length［**レ**ンクス］

名 長さ・縦、（時間・音などの）長さ・期間

These are both of the same length.

この二つは同じ長さです。

the length of life　寿命

── ★lengthen［**レ**ンクスン］

他動・自動 長くする・延ばす

lengthen a skirt　スカートの丈を長くする

語源 long（長い）

類語

★ prolong［プロローング］「pro－forth（前へ）：long」

　　他動 延長する・長びかせる

　　　　The meeting was prolonged into the evening.

　　　　会合は長びいて夕方までかかった。

　elongate［エローンゲイト］「e－out：long：ate（動詞語尾）」

　　他動・自動 伸ばす

☆ linger［リンガ］「ling－long：er（動詞語尾）」

　　自動・他動 長びく・ぐずぐずする

　　　　He lingered after all had gone.

　　　　彼は皆が行ってしまったあとまでぐずぐずしていた。

　longitude［ランヂチュード］「longi－long：tude（名詞語尾）」

　　名 経度

　　　　130°west longitude　西経130度

　oblong［アブローング］「ob－toward：long」

　　名 長方形

---

018 ドリブル ── ボールを足で蹴りながら運ぶこと

ドリブルは「ぽたぽたと垂れる、したたり」だ。ドゥリップとなれば、「したたる、しずく」となる。ドリップコーヒーをご愛用の向きも少なくないだろう。

★ dribble［ドゥリブル］

　　自動・他動 （ぽたぽた）垂れる、（球技）ドリブルする

This tap dribbles.　この蛇口は水が垂れる。

名 したたり、(球技)ドリブル

─── ☆drip［ドリップ］

自動・他動 (dripped, dript)（水などが）**したたる**、（物が）**しずくを**
垂らす

Sweat is dripping from his face.

汗が彼の顔からぽたぽた落ちている。

This tap is old and drips.　この蛇口は古くてもる。

名 しずく（の音）

the drip of the rain　雨だれの音

─── ☆droop［ドゥループ］

自動・他動 垂れる・うなだれる

Her head drooped.　彼女はうなだれた。

─── driblet［ドゥリブリット］

名 少量・少額

019 トラップ ── 自分のところにきたボールを体のいろいろな部分を用いて受け止
め、コントロールすること

トラップは「わな・策略」である。これではやや意味不明であるが、
相手をわなにかけて翻弄する、あるいは、ボールを獲物として捕ら
えることなどに由来するとの説があることを紹介しておこう。

☆trap［トゥラァップ］

名 わな・計略

He fell nicely into my trap.　彼はまんまと私の計略にかかった。

他動・自動 （動物を）**わなで捕える**、（球技）**球をトラップする**

trap a fox　きつねをわなで捕える

020 タックル ── ボールを持った相手に迫ってボールを奪おうとすること

タックルは「組みつく・取り組む」だ。ラグビーやレスリングのタックルが一目瞭然の用例だが、「道具」の意味もあることに注意しよう。フィッシング・タックルと言えば「釣り道具」である。

☆ tackle [タァクル]

他動 組みつく、取り組む、（ラグビー・サッカー）タックルする

tackle a thief　泥棒に組みつく

We don't know how to tackle this problem.
我々はこの問題にどう取り組むか分からない。

名 道具、タックル（ラグビー・サッカー）

fishing tackle　釣り道具

021 スライディング（タックル）── 滑り込みながら行うタックル

スライドは「滑る」だ。野球のスライディング、スライダーは分かりやすい用例だろう。映写機のスライドもあるが、一般的な用語としては「スライド制」がある。年金に適用されるマクロ経済スライドをご案内の向きもあろう。

☆ slide [スライド]

自動・他動 滑る、滑る様に行く（入る）

slide on the ice　氷上を滑る

slide into bad habits　いつの間にか悪習にそまる

名 一滑り・滑り台、（映写用）スライド

I had a slide on the ice.　私は氷の上を一滑りした。

a slide projector　スライド映写機

slider [スライダー]

名 滑る人（物）、（野球）スライダー

スタンドは「立つ、～台」だ。スタンダードとなれば「標準、標準の」である。スタンスとなれば「足の位置・姿勢」で、「スタンスがよくない」などと一般的にも用いられるが、これがディスタンスとなれば「距離」、インスタンスは「実例」である。ディスタント（遠い）、インスタント（即座の・すぐの）などの重要な単語にも変化する。最近何かと話題なるサーカムスタンス（環境）も付けておこう。「周りに立っている」がこの原義である。最近のコロナ禍ですっかり定着した「ソーシャル・ディスタンス」はあえて説明の要もないだろう。余談ともなるが、観覧席のスタンドは、古代ギリシャの競技場の「立っているところ」に由来すると聞く。

※ stand［スタァンド］

名 ～台・～立て、売店・屋台、（通例～ s）**観覧席・スタンド**

an umbrella stand　傘立て

a newsstand　新聞販売店

We sat in the stands to watch the game.
　我々はその試合を観戦するためにスタンドにすわった。

自動・他動（stood, stood）**立つ・立っている、立たせる、耐える**

Horses stand on all fours.　馬は四つ足で立つ。

He stood his umbrella against the wall.
　彼は雨傘を壁に立てかけた。

I cannot stand this hot weather.
　私はこの暑さに耐えられない。

☆ **standard**［スタァンダド］「stand する場所・点」

名 **標準、（度量衡）基本単位・（貨幣制度）本位、（音楽）スタンダードナンバー**

the standard of living　生活水準

the gold standard　金本位制

⑱ 標準の、一流の

    standard English　標準英語

    a standard writer　一流の作家

── ☆ **outstanding** [アウトス**タ**ァンディング]「out：standing」

    ⑱ 目立つ・顕著な

       an outstanding fact　目立った事実

── ☆ **stance** [ス**タ**ァンス]

    ⑲ （野球・ゴルフなどの）足の位置、姿勢

       the batting stance　打球の構え

語源 stand（立つ）より

類語

☆ **circumstance** [**サ**〜カムス**タ**ァンス]「circum − circle（周り）：stance（立つこと）＝周りに立つこと→囲むこと→環境」

    ⑲ 環境・境遇

       He is in bad circumstances.　彼は貧しい生活をしている。

※ **distance** [**ディ**スタンス]「dis − apart（離れて）：(s)tance（立つこと）＝離れて立つこと」

    ⑲ 距離

       the distance of Mars from the earth

        地球から火星までの距離

  ── ☆ **distant** [**ディ**スタント]

      ⑱ 遠い・離れた

        The town is ten miles distant from Tokyo.

        その町は東京から10マイル離れている。

☆ **instance** [**イ**ンスタンス]「in − near（近くに）：stance（立つもの）＝実例」

    ⑲ 例・実例

       for instance　例えば

  ── ☆ **instant** [**イ**ンスタント]

      ⑱ すぐの・即座の

instant coffee　インスタントコーヒー

└─☆ **instantly**［**インス**タントリ］

　　　副 直ちに

　　　Come here instantly.　すぐここに来なさい。

　　　接 ～するとすぐ

　　　Instantly I arrived in Paris, I went to the Louvre.

　　　　私はパリに着くとすぐにルーブル博物館に行った。

☆ **substance**［**サ**ブスタンス］「sub－under（下に）：stance（立つもの）=すべての根底となるもの」

　名 物質、本質・実質、要旨

　　chemical substances　化学物質

　　Substance is more important than form.

　　　実質は形式より重要である。

　　the substance of his speech　彼の演説の要旨

　└─☆ **substantial**［サブス**タ**ァンシャル］

　　　形 本質的な、内容のある・たくさんの

　　　　a substantial difference　本質的な相違

　　　　a substantial meal　たっぷりした食事

☆ **constant**［**カ**ンスタント］「con－fully（十分に）：stant（立っている）」

　形 不変の、不断の

　　at a constant pace　一定の歩調で

　　constant efforts　不断の努力

└─★ **withstand**［ウィズス**タ**ァンド］「with－against：stand（立つ）=抵抗する」

　　　他動 抵抗する・耐える

　　　withstand an attack　攻撃に耐える

フェイントは「見せかけ・牽制」、フェインは「振りをする・見せかける」だ。球技ではよく用いられるが、フェンシング、ボクシングなどでも極めて重要な技である。

feint [フェイント]

　名 見せかけ・牽制

　　make a feint of studying　勉強している振りをする

　自動 偽る・振りをする、フェイントをかける

　└── ★ feign [フェイン]

　　　他動 振りをする・見せかける

　　　feign friendship　友情ありげにする

024 ブロック ── 相手のパス、ドリブル、シュートなどを足を使って妨害すること

ブロックは「妨害する・ふさぐ、障害物・塊り・街区」だ。コンクリートブロックが分かりやすい用例だろう。ブラケードとなれば「封鎖・妨害」である。最近では、最新の暗号技術を用いるブロックチェーンがとくに注目されていると聞く。

☆ block [ブラック]

　他動 （道路などを）ふさぐ・妨害する

　　The street was blocked with snow.

　　　道路は雪でふさがれていた。

　名 （石などの）塊・ブロック材、街区、障害物・（交通の）渋滞

　　concrete blocks　コンクリートブロック材

　　The school is three blocks away.　学校は3ブロック先です。

　　a block on the railway　鉄道不通

　└── ☆ blockade [ブラケイド]

名 （港湾などの）**封鎖・妨害**

　break the blockade　封鎖をやぶる

025 チャージング ── 体を接触させ、相手を押しのけること。ショルダー・チャージ以外は反則となる

チャージは「突進する・請求する、突進・料金・充電」だ。従来は燃料などのチャージが主な出番であったが、最近ではスイカなどの電子マネーのチャージが圧倒的である。請求により認められるバスケットボールのチャージド・タイムアウトも分かりやすい用例だろう。

☆ charge [チャージ]

　自動・他動 **請求する、突進する・請求する、（税などを）課する、告発する、充電する**

　　charge high for a service　サービスに高い料金を請求する

　　A dog suddenly charged at me.　犬が突然私に飛びかかってきた。

　　How much do you charge for this room?

　　　この部屋代はいくらですか。

　　charge a tax on an income　収入に課税する

　　The prisoner is charged with stealing the car.

　　　被告は車を盗んだかどで告発されている。

　　charge a battery　電池に充電する

　名 **料金、告発、突撃、充電**

　　the charge for cleaning　クリーニング代

　　a false charge　濡れ衣

　　make a charge against　～に向かって突撃する

　　an electric charge　電荷

語源 car（荷馬車に荷を積み込むが原意）
類語
☆ discharge [ディスチャージ]「dis－from」

他動・自動 (荷・乗客を)**おろす、**(人を)**解雇する、放出する**

discharge a cargo from a ship　船から荷をおろす

He was discharged from the company.

彼はその会社から解雇された。

discharge smoke　煙を吐く

名 放出・排出物、解雇・解放

industrial discharges　産業廃棄物

The prisoners were glad to get their discharge.

囚人たちは解放されて喜んだ。

★**overcharge** [オウヴァ**チャ**ージ]「over(過度の)」

他動 法外な代金を請求する、荷を積み過ぎる・詰めすぎる

The store overcharged me for the butter.

あの店はバターがすごく高かった。

overcharge an electric circuit　電気回路に充電し過ぎる

名 不当な値段の請求、積み過ぎ・過充電

---

026 センタリング ── 相手側のタッチライン沿いから、ゴール前の味方にボールを送ること

センターは「中心・中心地、集中させる・中心に置く」、セントラルは「中央の・主要な」だ。プロ野球のセントラルリーグ、暖房のセントラルヒーティングを知らない人は少ないだろう。コンセントレートとなれば「集中する」となる。コンセントレーション (集中・専心) はスポーツの試合・練習などで不可欠だろう。さらに、エキセントリックとなれば、「中心の外」の意で「風変りの」となる。

※ **center** ⒨、−**tre** ⒠ [センタ]

名 中心・中心地

the center of a circle　円の中心

他動・自動 集中させる・中心に置く

Our thoughts are centered upon one idea.

我々の考えは1つに集中した。

── ☆ central [セントラル]

形 中央の・中心の・主要な

the central part of the city　市の中心部

語源 centr － center(中心)より

類語

☆ concentrate [カンセントレイト]「con(共に)：centr(中心)：ate(動詞語尾)＝共に中心に集る→集中する」

他動・自動 集中する

concentrate the rays of the sun with a lens

レンズで太陽の光線を1点に集める

── ☆ concentration [カンセントレイション]

名 集中・専念

★ eccentric [イクセントゥリック]「ec(外へ)：centr(中心)：ic(形容詞語尾)＝中心をはずれた」

形 風変わりな・エキセントリックな

an eccentric person　奇人・変人

---

027 セービング ── ゴールキーパーがシュートされたボールをゴールから守ること

セーブは「救う・蓄える」、セーフは「安全な」だ。セーフティとなれば「安全」で、ご案内の通り、近年、セーフティネットは極めて重視されている。なお、セーフには「金庫」の意味があることに注意しよう。

※ save [セイブ]

他動・自動 救う、貯える、省く

He saved her from drowning. 彼は彼女がおぼれるのを救った。

A penny saved is a penny earned.

使わないのは稼ぐのと同じ。《諺》

A stitch in time saves nine. 今日の一針明日の十針。《諺》

※ safe [セイフ]

形 安全な・危険のない

This place is safe from attack.

この場所は攻撃される危険がない。

名 金庫

a safe breaker 金庫破り

☆ safety [セイフティ]

名 安全

a safety zone 安全地帯

2 プレーの展開・戦術など

028 オフェンス ── 攻撃

> オフェンスは「攻撃・違反・罪」だ。オフェンドは「怒らせる・感情を害する」、オフェンシブは「不快な・攻撃的な」となる。ディフェンドとなれば「防ぐ」で、ボクシング、ゴルフなどでは、ディフェンディング・チャンピオンが使われている。余談ともなるが、自動車のフェンダー（泥よけ）はこの類語である。

☆ offence 英、offense 米 [オフェンス]

　名 違反・罪、立腹、攻撃

　　　an offense against God　神に対する罪

　　　Offense is the best defense.　攻撃は最大の防御。

──☆ offend [オフェンド]

　　　他動・自動 感情を害する・怒らせる、罪を犯す、（作法、慣習などに）反する

　　　I am sorry if I've offended you.

　　　　お気にさわりましたらごめんなさい。

　　　offend against good manners　正しい作法に反する

──☆ offensive [オフェンスィヴ]

　　　形 不快な・無礼な、攻撃的な

　　　　Don't use offensive words.　失礼な言葉を使うな。

　　　　offensive weapons　攻撃兵器

語源 of－against（～向って）：fend（打つ）＝～を打つ

類語

☆ defend [ディフェンド]「de－away（向こうへ）、fend（打つ）」

　他動・自動 防ぐ、弁護する

　　The father defended his child from danger.

父親は子供を危険から守った。

The lawyer agreed to defend the man.

弁護士はその人を弁護することに同意した。

── ☆ defence ⑱、defense ⑱ ［ディフェンス］

名 防御・防御物

national defence　国防

── ☆ defensive ［ディフェンスィヴ］

形 防御の・守勢の

defensive weapons　防御兵器

── ★ defender ［ディフェンダ］

名 防御者・(競技)選手権保持者

★ fend ［フェンド］「defendの頭音が消失したもの」

自動・他動 よける・受け流す

fend off a blow　打撃をかわす

fender ［フェンダー］

名 (自動車の)泥よけ・フェンダー

☆ fence ［フェンス］「defence(防御)の頭音が消失したもの」

名 さく・塀(へい)、フェンシング

sit on the fence　形勢を見る、日和見(ひよりみ)する

他動 垣根をつくる・囲う

I fenced the garden from children.

子供達が入れないように私は庭に囲いをした。

★ fencing ［フェンシング］

名 フェンシング・剣術

029 ディフェンス ── 防御

☆ defence ⑱、defense ⑱ ［ディフェンス］

028 オフェンスの項参照

030 プレス ── 選手が前に「押す」ように敵のボールや敵の選手との距離を縮め、最終的にはボールを奪うことを目的とした一連の動き

プレスは「押す・圧迫する、押すこと」、プレッシャーは「圧力・圧迫」である。エキスプレスとなれば「表現する、急行列車」、エキスプレッションは「表現」となる。コンプレスとなれば「圧縮する」で、コンプレッサー（圧搾機）をご案内の向きもあろう。ついでに、オプレス（圧迫する）、インプレス（印象づける）、ディプレス（押し下げる）も付け加えておこう。ファーストインプレッション（第一印象）、ディプレッション（不景気）あたりは日常的にも時として耳にする言葉だ。余談ともなるが、新聞をプレスというのは、紙に印刷インキを押し付けるからである。

※ press［プレス］

他動・自動 押す・押し付ける、圧迫する・困らす、押しつぶす・しぼる

She often presses her opinion upon others.
彼女はしばしば自分の意見を他人に押し付ける。

He is pressed for money. 彼は金に困っている。

press the juice from a lemon　レモンの汁をしぼる

名 押すこと・圧迫、(the ～)新聞・雑誌・印刷

the press of modern life　近代生活の圧迫

the local press　地方新聞

── ☆ pressure［プレシャ］

名 押すこと・圧力、圧迫・プレッシャー、(圧迫される)苦しみ

air pressure　気圧

under the pressure　必要に迫られて

the pressure of poverty　貧乏の苦しみ

語源 press（押す、圧する）
類語

☆ compress [コンプレス]「com－together：press（押す）＝一緒に押す」

> **他動** 圧縮する
>
> compressed air　圧搾空気
>
> compressor [コンプレッサー]
>
> > **名** 圧搾機・コンプレッサー

★ depress [ディプレス]「de－down：press（押す）＝下に押す」

> **他動** 押し下げる、失望させる、不景気にする
>
> depress the button　ボタンを押す
>
> The news depressed me.　その知らせで私はがっかりした。
>
> The trade is depressed.　商売は不景気である。
>
> ☆ depression [ディプレション]
>
> > **名** ゆううつ、不景気・沈下
> >
> > I am in a deep depression.
> > 私はまったくゆううつである。
> >
> > the great depression of the 1930s
> > 1930年代の大不況

☆ express [エクスプレス]「ex－out：press（押す）＝外へ押し出す」

> **他動** 表現する、至急便で送る ⑱・速達便で出す ⑲
>
> express joy　喜びを表わす
>
> Express this trunk to New York.
> このトランクをニューヨークへ速達で送って下さい。
>
> **名** 急行列車、速達便 ⑲
>
> by express　急行で、速達便で
>
> ☆ expression [エクスプレション]
>
> > **名** 表現、表情
> >
> > beyond expression　言い表わせないほど
> >
> > an expression of happiness　しあわせそうな表情

☆ impress [インプレス]「im（中で）：press（押す）＝～の上に押しつる」

> **他動** 印象づける・感銘を与える、押して跡を付ける
>
> I was much impressed by his story.

私は彼の話に大変感動した。

impress a figure on something　物に模様を押す

└─ ☆ impression [インプレション]

> 名 印象・感じ、こん跡・印
>
> the first impression
>
> 第一印象、ファーストインプレッション
>
> the impression of a foot on the snow
>
> 雪の中の足跡

☆ oppress [オプレス]「op－against：press＝誰かを押す」

> 他動 圧迫する
>
> oppress the poor　貧しい人をしいたげる

☆ suppress [サプレス]「sup－under：press（押す）＝押える」

> 他動 抑圧する・抑える
>
> suppress the press　言論・出版を弾圧する

---

031 アタック ── 攻撃、あるいはボールを持っている相手に積極的に向かっていくこと

アタックは「攻撃、攻撃する」、アタッカーは「攻撃者」。ともにバレーボールでよく使われている。コンタクトとなれば「接触する」、アタッチとなれば「取り付ける」だ。ラグビーのコンタクト、眼鏡のコンタクトレンズ、器具類のアタッチメント（付属装置）などは分かり易い用例だろう。

※ attack [アタァック]

> 他動・自動 攻撃する・非難する、（病気などが）人を襲う・侵す
>
> attack the enemy　敵を攻撃する
>
> He has been attacked with influenza.
>
> 彼はインフルエンザにかかっている。
>
> 名 攻撃、発作

an air attack　空襲

a heart attack　心臓発作

── **attacker** [アタァッカ]

　　　　名 攻撃者、非難する人

語源 at（〜に）：**tack**（tach、tact）−touch（さわる・接触する）

類語

☆ **attach** [アタッチ]

　　他 取り付ける・くっ付ける

　　　attach a stamp to a letter　手紙に切手をはる

　　── ★ **attachment** [アタッチメント]

　　　　　名 付着・付属・付属品

　　　　　　　attachments to the camera　そのカメラの付属品

☆ **contact** [カンタァクト]「con−together（共に）：tact（さわる）」

　　名 接触・連絡、交際 ㊍

　　　a point of contact　接点

　　　a man of many contacts　交際の広い人

　　他動 接触する・連絡をとる

　　　Try to contact him this evening.

　　　　今晩彼と連絡をとってごらん。

---

032 アシスト ── 味方のプレーヤーに適切な球を送り、得点させること

アシストは「助ける」、アシスタントは「助手」である。レジスト（抵抗する）、エグジスト（存在する）、インシスト（主張する）、コンシスト（〜からなる・〜に存在する）など重要な単語につながっている。まあ、レジスタンスなどは一般的にも使われている言葉だろう。

☆ **assist** [アスィスト]

他動・自動 助ける・人が～するのを助ける

She assisted the child to cross the street.

彼女はその子供が道を横断するのを助けた。

名 助力㊍、(サッカーなどの)**アシスト**

── ※assistant [アスィスタント]

形 補助の

an assistant professor　助教授

名 助手

──☆assistance [アスィスタンス]

名 助力・援助

It is of great assistance to us.

それは大いに私達の助けになります。

語源 a-to：**sist**-stand(立つ)=そばに立つ、後援する

類語

☆consist [コンスィスト]「con-together：sist(立つ)=一緒に立つ」

自動 ～から成る(of)、～に存する(in)、～と一致(両立)する(with)

Water consists of hydrogen and oxygen.

水は水素と酸素から成る。

Her charm does not consist only in her beauty.

彼女の魅力はその美しさだけにあるのではない。

Health does not consist with overwork.

健康は過労と両立しない。

☆exist [エグズィスト]「ex-out(外へ)：(s)ist(立つ)=外に立ち現われている→存在する」

自動 存在する、生存する

Ghosts do not exist.　幽霊は存在しない。

Man cannot exist without air.　人は空気なしに生きていけない。

──☆existence [エグズィスタンス]

名 存在、生存

I don't believe in the existence of ghosts.
私は幽霊の存在を信じない。

lead a peaceful existence　平和な生活を送る

☆ **insist** [インスィスト]「in－on：sist(立つ)＝自分の考えの上に立つ→主張する」

自動 主張する

My mother insists on going with me.
母は私と一緒に行くと言い張る。

☆ **persist** [パスィスト]「per－through(徹底的に)：sist(立つ)＝一貫して立っている、強く主張する」

自動 言い張る、持続する

He persists in his opinion.　彼は自分の意見に固執(こしつ)する。
The custom still persists.　その習慣はまだ残っている。

└─☆ **persistent** [パスィスタント]

形 しつこい、持続する

persistent attacks　執ような攻撃
persistent rain　降り続く雨

☆ **resist** [リズィスト]「re－against(〜に対して)：sist(立つ)」

他動・自動 抵抗する、耐える・がまんする

They resisted the attack.　彼らは攻撃に抵抗した。
I could not resist laughing.　私は笑わずにはいられなかった。

└─☆ **resistance** [リズィスタンス]

名 抵抗、(R 〜)地下抵抗運動・レジスタンス

His proposal met with strong resistance.
彼の提案な強い抵抗にあった。

---

033 クリア ── 自陣のゴール近くにきたボールを遠くに蹴ってピンチを脱すること

クリヤーは「きれいな、きれいにする・取り除く」だ。クリアランス
セール (在庫一掃) はお馴染みだろう。意外にも楽器のクラリネッ

トにもつながっている。ディクリアーとなれば、はっきりさせるから
「宣言する」となる。

※ clear [クリア]

他動・自動 きれいにする・取り除く・一掃する・〜を晴らす、跳び越す

clear the dishes from the table　テーブルから食器を片づける

clear one's mind of doubt　疑いを晴らす

clear a fence　垣(かき)を跳び越す

形 晴れた・澄んだ、明白な、開けた

a clear sky　晴れた空

It is clear that he knows that.

彼がそれを知っていることは明白だ。

a clear view　広々とした眺め

── ★ clearance [クリアランス]

名 取り片付け

a clearance sale　在庫一掃売出し・クリアランスセール

語源 clear －はっきりとした

類語

☆ declare [デクレア]「de(完全に):clare － clear ＝全くはっきりさせる」

他動 宣言する、断言する・言明する

declare a strike　ストを宣言する

She declared herself (to be) right.

彼女は自分が正しいと言いきった。

── ☆ declaration [デクラレイション]

名 宣言

a declaration of war　宣戦布告

☆ clarify [クラァリファイ]

他動・自動 澄ませる・きれいにする

★ clarinet [クラァリネット]

名 クラリネット

034 カバーリング ── 味方の守備が突破されても代わって守れるような態勢

カバーは「覆い、覆う・張る」だ。本のカバーが分かりやすい用例
だろう。ディスカバーとなれば、覆いを取り除くから「発見する」と
なる。「ディスカバー・ジャパン」のコマーシャルをご記憶の向きも
あろう。やや専門的になるが、報道などの分野ではカバレッジ（カ
バー率・適用範囲）が重要視されている。

※ cover ［カヴァ］

他動 覆う・張る、（範囲・区域が）～にわたる、（ある距離を）行く、～をかばう

Your face is covered with dust.　君の顔はほこりだらけだ。

The campus covers 900 acres.

　大学の構内は900エーカーに及ぶ。

They covered 50 miles a day.　彼らは一日50マイル進んだ。

He covered the flowers from the frost.

　彼は花を霜から守った。

名 覆い・ふた、表紙

The box has no cover.　その箱はふたがない。

The cover of the book is red.　その本の表紙は赤い。

語源 cover（覆う）

類語

※ discover ［ディスカヴァ］「dis－away（はぐ）：cover（覆い）＝覆いを取り除
く→発見する」

他動 発見する、気が付く

The Curies discovered radium.

　キュリー夫妻がラジウムを発見した。

I discovered him to be a liar.　私は彼がうそつきだと分かった。

└─ ☆ discovery [ディス**カ**ヴァリ]

   名 発見

    He made an important discovery.

    彼は重要な発見をした。

└─ ☆ coverage [**カ**ヴァリッヂ]

   名 (新聞・テレビなどの)**報道、適用範囲**

    speedy news coverage　迅速なニュース報道

035 フォロー ── ボールを持っているプレーヤーに追随し、援護すること

フォローは「続く・従う」、フォローイングは「次の・追い風の」、フォロワーは「支持者・従者」である。「フォローの風が吹いている」などと一般的にも道いられているが、スポーツではフォロースルー (完全に振り切ること・完遂) がよく用いられている。

※ follow [**ファ**ロウ]

   他動・自動 ～に続く、付いて行く、従う

    Monday follows Sunday.　月曜日は日曜日の次だ。

    The dog followed me to my house.

     その犬は私の家まで付いてきた。

    He always follows the fashion.　彼はいつも流行に従う。

└─ ※ following [**ファ**ロウイング]

   形 次の、(風が)**追手の・順風の**

    in the following year　その翌年

    with a following wind　順風に乗って

└─ ☆ follower [**ファ**ロウア]

   名 従者・支持者

    Captain Blood and his followers

ブラッド船長とその部下達

★ follow-through［ファロウスルー］

　　名　フォロースルー（スポーツで打球後完全に振り切ること）、完遂

☆ follow-up［ファロウアップ］

　　形　後を追う・続きの

　　　　a follow-up story　（新聞の）続報

　　名　追跡・追求

036 インターセプト ── 相手のパスしたボールを途中で横取りすること

インターセプトは「途中で奪う」だ。アクセプトとなれば「受け取る・認める」、エクセプトとなれば「除く、〜を除いては」となる。インターの方もインターフェアー（邪魔する）などに変化する。野球ファンなら守備妨害として知っていよう。抗がん剤としても有名なインターフェロン（ウィルス増殖抑制物質）はこの派生語である。

★ intercept［インタセプト］

　　他動　途中で奪う

　　　　intercept a letter　手紙を横取りする

語源 inter－between、among：**cept**－take（とる）→中間で取る・つかむ
類語

※ accept［アクセプト］「ac－to（〜に）：cept（とる）」

　　他動　受け取る、受け入れる・認める

　　　　accept a gift　贈り物を受け取る

　　　　The union accepted the new working conditions.

　　　　組合は新しい労働条件を受け入れた。

☆ acceptance［アクセプタンス］

　　名　受領、容認

　　　　His acceptance of the present pleased his

father.

　　彼がその贈り物を受け取ったので彼の父は喜んだ。

　　gain wide acceptance　広く認められる

※ except [エクセプト]「ex（外に）：cept（取る）＝取り出す→取り除く」

　　前 ～を除いては

　　　We go to school every day except Sunday.

　　　我々は日曜日以外毎日学校へ行く。

　　他動・自動 除く・除外する

　　　Of course I except you.　もちろん君は例外だ。

　── ☆ exception [エクセプション]

　　　名 例外

　　　　There is no rule but has some exceptions.

　　　　例外のない規則はない。

☆ interfere [インタフィア]「inter－between：fere－strike（打つ）」

　　自動 邪魔する、干渉する

　　　I'll come if nothing interferes.　何も支障がなければ伺います。

　　　He always interferes with me.　彼はいつも私のことに干渉する。

　── ☆ interference [インタフィーランス]

　　　名 邪魔、干渉、（スポーツ）不法妨害

　　　　Don't make interference with his work.

　　　　彼の仕事の邪魔をしてはいけない。

　　　　interference in the affairs of another nation

　　　　他国の内政への干渉

　── interferon [インタフィーラン]

　　　名 インターフェロン（ウィルス増殖抑制物質）

037 マーク ── 特定の相手を決め、その動きを封じること

マークは「記号・印、印を付ける」だ。文具のマーカー、クエスチョ

ンマークなどが分かりやすい用例だろう。フルマークは満点だ。リマークとなれば、繰り返し印を付けるから「注目、気づく」、リマーカブルは「注目すべき・驚くべき」となる。

※ mark［マーク］

   名 記号・印、得点、目標

      a question mark　疑問符・クエスチョンマーク

      full marks　満点

      hit the mark　的にあたる

   他動・自動 印を付ける、記す・記録する

      Mark the place on this map.　その場所を地図に印を付けなさい。

      mark the score in a game　試合で得点を付ける

  ──★ marker［マーカ］

     名 印を付ける人（物）・マーカー・目印

語源 mark（印を付ける）

類語

☆ remark［リマーク］「re‐again（再び）：mark（印を付ける）→改めて注意する」

   名 注目、批評・意見

      be worthy of remark　注目に値する

      make a few remarks　二〜三の意見を述べる

   他動・自動 気づく、（意見を）述べる・書く

      We remarked her sad face.

        我々は彼女の悲しそうな顔に気づいた。

      He remarked that he had never seen such a thing.

        そんな物は見たことがないと彼は言った。

  ──☆ remarkable［リマーカブル］

     形 注目すべき・驚くべき

       a remarkable change　非常な変化

    ──★ remarkably［リマーカブリ］

038 オーバーラップ ── バックのプレーヤーが前線に出て、フォワードに加わり攻撃に参加すること

オーバーラップは「重なる、重複」、ラップは「重ねる・包む、ひざ・（競走トラックの）一周」だ。ラッピング（包装）に凝る人も少なくないだろう。ラップタイムは競走・競泳などでことに重要視される。

☆ overlap［オウヴァ**ラ**ァップ］

　（自動・他動）重なる・重複する

　　Our vacations overlapped.　私達の休暇はかち合った。

　名 重複・オーバーラップ（一画面が次の画面へ重なって写ること）

── ☆ lap［**ラ**ァップ］

　　（他動・自動）重ねる、包む

　　　lap a board over another　1枚の板を他の板の上に重ねる

　　　lap oneself in a blanket　毛布に身を包む

　　名 ひざ、（競走トラックの）1周

　　　The child slept on its mother's lap.

　　　子供が母のひざで眠った。

── lap time［**ラ**ァプタイム］

　　名 ラップタイム（競走トラックの一周に要する時間）

039 ボール・コントロール ── ボールをうまく扱うこと、支配力

ボールは「球」といたって簡単のようであるが、さにあらず。バルーンとなれば「気球」、ブレットとなれば「弾丸・小銃弾」、バァロットは「投票用紙・（無記名）投票」となる。まあ、アドバルーン（アドバータイズメントバルーン・広告気球）を見たことがない人は少な

いだろう。コントロールは「支配、支配する」だ。野球の投手のコントロールが分かりやすい用例だろう。

※ ball [ボール]

- **名** 玉・球、野球

  a snow ball 雪の玉

  play ball 野球をする、(野球の試合を)開始する

  ── ☆ **balloon** [バルーン]「-oon（大きなものを示す接尾辞）」

  - **名** 軽気球・気球

    an advertising balloon アドバルーン

  ── ☆ **ballot** [バァロット]「秘密投票を行う際に用いられた小さな球が原義」

  - **名** 投票用紙・(無記名)投票

    take a ballot 投票を行う、投票で決める

  ── ☆ **bullet** [ブレット]「-et（小さなものを示す接尾辞）」

  - **名** 弾丸・小銃弾

※ control [コントロウル]

- **名** 支配・統制・管理・監督・抑制(力)

  traffic control 交通整理

  parent's control over their children 子供に対する親の監督

  lose control of ～を制しきれない

- **他動** 支配する・統制する・管理する、抑制する

  control prices 物価を統制する

  control one's feelings 感情を抑える

040 (サイド)チェンジ ── 長いクロスパスにより、攻撃するサイドを変えること

チェンジは「変化、変化する」だ。野球のチェンジが分かりやすい用例であるが、「釣銭・小銭」の意味もあることに注意しよう。エクスチェンジとなれば「交換」、インターチェンジは説明不要だろう。

※ change [チェインヂ]

名 変化、交替・交換、釣銭・小銭

a change of mind　心変わり

a change of clothes　着替え

small change　小銭

他動・自動 変える、交換する

Heat changes water into steam.　熱は水を水蒸気に変える。

I changed seats with him.　私は彼と席を取り換えた。

── ☆exchange [エクス**チェ**インジ]「ex（外へ、向こうへ）：change」

名 交換、両替

an exchange of gifts　贈り物の交換

the rate of exchange　外国為替相場

他動・自動 交換する、両替する

He exchanged the pen for a pencil.

彼はペンと鉛筆を交換した。

He exchanged American money for Japanese.

彼は米貨を邦貨に替えた。

── ★interchange [インター**チェ**ンジ]「inter－between：change」

他動・自動 交換する

interchange goods　品物を交換する

名 交換、（高速道路の）**インターチェンジ**

041 ポジション（チェンジ）── 状況に応じて攻撃・守備の位置・分担を変えること

ポジションは「位置・地位・立場」だ。「良いポジションを得る」のは多くの人の願いだろう。「置く」の意のposeを語源とする言葉で、コンポーズ（構成する）、エキスポーズ（さらす）、オポーズ（反対する）、プロポーズ（申し込む）、サポーズ（仮定する）などの重要な動詞とつながっている。またこれらの名詞形であるコンポジション（作文・作曲）、エキスポジション（博覧会・エキスポ）、オポジショ

ン（反対）などは日常耳にすることがあろう。敢えて言うまでもないが、プレポジションとなれば、お馴染みの前置詞である。要するに、前に置かれているのだ。

※ position［ポジション］

名 位置、姿勢、地位、立場

The villa has a good position.　その別荘はよい位置にある。

The model is in a sitting position.

　モデルはすわった姿勢をとっている。

a person of position　地位のある人

He is in a difficult position.　彼は苦しい立場にある。

語源 pose－to put（置く）、to place（位置させる）より

類語

☆ compose［コンポウズ］「com（共に）：pose（置く）＝一緒に置いて1つのものをつくる→構成する」

他動・自動 構成する・作る、

　compose a sonata　ソナタを作曲する

── ☆ composition［カンポズィション］

名 作文・作曲、作品、構成

　be good at composition　作文が上手である

　a musical composition　音楽作品

　the composition of the Cabinet　内閣の構成

── ☆ composer［コンポーザー］

名 作曲家

★ depose［ディポウズ］「de－away（向こうへ）：pose（置く）＝免職させる」

他動・自動 免職させる・退位させる

　depose a person from office　人を免職する

☆ deposit［ディパズィット］「de－down（下へ）：posit－pose（置く）」

他動 置く、預ける

He deposited the package on the doorstep.

彼は小包みを玄関の上がり段の上に置いた。

deposit money in a bank　銀行に預金する

名 預金

a fixed deposit　定期預金

☆ **dispose** ［ディスポウズ］「dis－apart（分けて）：pose（置く）＝配置する」

他動・自動 配置する

dispose troops　軍隊を配置する

── ☆ **disposal** ［ディスポウザル］

名 配置、処分

the disposal of troops　部隊の配置

disposal by sale　売却処分

☆ **expose** ［エクスポウズ］「ex－out（外へ）：pose（置く）＝さらす」

他動 さらす、あらわす、陳列する

expose one's film　フィルムを露出する

expose a secret　秘密をあばく

expose goods for sale　商品を販売のために陳列する

── ★ **exposition** ［エクスポズィション］

名 博覧会・エキスポ

☆ **impose** ［インポウズ］「im－on（上に）：pose（置く）＝課する、押し付ける」

他動 （義務などを）課する、押し付ける

impose heavy taxes on the people　国民に重税を課する

He imposes his taste upon us.

彼は自分の好みを我々に押し付ける。

☆ **oppose** ［オポウズ］「op－against（～に対して）：pose（置く）＝反対する」

他動 反対する

oppose a plan　計画に反対する

── ☆ **opposite** ［アポズィット］

形 反対側の・反対の

the opposite sex　異性

名 反対（のもの）

Black is the opposite of white.　黒は白の反対だ。

└─ ☆ opposition ［アポズィション］

名 反対・対立

opposition to high tax　重税反対（論）

☆ propose ［プロポウズ］「pro－before（前に）：pose（置く）＝提案する」

他動・自動 申し込む・提案する、企てる・結婚を申し込む

propose a new method　新方式を提案する

I propose to dine out tonight.

私は今晩外で食事をしようと思う。

He proposed to her.　彼は彼女に結婚を申し込んだ。

└─ ☆ proposal ［プロポウザル］

名 申し込み・提案、結婚の申し込み

make a proposal of peace　平和を提議する

make a proposal to　〜に結婚を申し込む

※ purpose ［パ〜パス］「pur－before（前に）：pose（置く）＝自分の前に置く

→目標にする」

他動・自動 〜しようと思う

I purpose to finish my work in a week.

1週間で仕事を終えようと思う。

名 目的・目標、意志

for the purpose of 〜ing　〜する目的で

on purpose　故意に、わざと

※ suppose ［サポウズ］「sup－under（下に）：pose（置く）＝下に置く→仮定する」

他動 仮定する、推測する

Suppose it rains, what shall I do?　もし雨だったらどうしよう。

I suppose him (to be) honest.　私は彼が正直だと思う。

☆ pose ［ポーズ］

自動・他動 姿勢（ポーズ）を取る、振りをする

pose for one's portrait　自分の肖像画のためにポーズをとる

pose as a rich man　金持ちの振りをする

名 姿勢・ポーズ、気取り・見せかけ

sit in a relaxed pose　楽な姿勢で座る

That generous offer was a mere pose.
　その寛大な申出は単なる見せかけであった。

─☆positive [パズィティヴ]

形 明確な・位置の決まった、積極的な・肯定的な

positive proof　動かぬ証拠

a positive help　積極的な援助

名 (写真)陽画・ポジ、(電気)陽極

─☆preposition [プレポズィション]「pre－before(前に)：position
(位置)＝前に置くもの」

名 前置詞

042 セット(プレー) ── 試合が中断された後、一定の状態から行われるプレー。フリー
キック、コーナーキックなどがあり、得点に結びつきやすい

セットは「置く・整える、一組」だ。髪型のセット、テレビのセット、
野球のセットポジションなどが分かりやすい用例だろう。セトルと
なると「～を定める・定住 (植民) する・落ち着かせる」で、セトル
メントは「植民地・移民・解決・社会福祉事業団」となる。

※set [セット]

他動・自動 (set, set)置く、整える、(ある状態に)する、決める

I set roses in the vase.　私はバラの花を花びんにいけた。

set a watch by the radio　ラジオで時計を合わせる

Lincoln set the slaves free.　リンカーンは奴隷を解放した。

set a date for the party　会の日を決める

名 一組、(ラジオ・テレビの)受信(像)機・セット・テニスなどのセッ

ト・演劇などのセット・頭髪のセット

a set of tools　道具一式

a television set　テレビセット

語源 set － cause to sit(座らせる)

類語

※ settle [セトル]「setより」

　他動・自動 ～を決(定)める、植民する、落ち着かせる

　settle to do　～することに決める

　The English settled New England.

　　英国人達はニューイングランドに植民した。

　He settled himself in the chair.

　　彼はいすにどっしり腰をおろした。

　☆ settlement [セトルメント]

　　名 植民地・移民、解決(落ち着かせること)、社会福祉事業団・セツル
　　メント

　　the Irish settlement in Boston

　　　アイルランド人のボストン植民地

　　come to a settlement　和解する

---

043 コンビネーション（プレー） ── 二人以上のプレーヤーが連係して行うプレー

コンビネーションは「結合・連合」、コンバインは「結合させる、合
同」だ。コンビネーションサラダは女性に人気と聞くが、上下続き
の作業服であるコンビも分かりやすい用例だろう。刈り取りと脱穀
が同時にできる農機具、コンバインをご案内の向きも少なくない
だろう。

☆ combination [カンビネイション]

名 結合・連合・組み合わせ

several combinations of letters　いくつかの文字の組み合わせ

└─☆ combine [動：コンバイン　名：コンバイン]

他動・自動 結合させる、化合させる

combine two companies　二つの会社を合併する

Hydrogen and oxygen are combined into water.
水素と酸素は化合して水になる。

名 （企業などの）**合併・合同、コンバイン**（刈り取りと脱穀が同時に出来る農機具）

---

044 クロス（プレー）── きわどいプレー

クロスは「近い・接近した」だ。クローズとなれば「閉じる・終わる」である。閉店の「クローズ（クローズド）」は大方ご案内だろう。さらに、ディスクローズとなれば「発表する」、エンクローズは「囲む」となる。最近ことに注目されている情報のディスクロジャーズ（開示）、世界史に名高いエンクロージャー・ムーブメント（囲い込み運動）をおまけに付けておこう。余談ともなるが、ウォータークロゼット（W.C.）はお馴染みのトイレである。

※ close [クロウス]

形 近い、親しい・親密な、互角の・接近した

a flower close to a rose　バラによく似た花

a close friend　親友

a close contest　五分五分の争い

└─☆ closely [クロウスリ]

副 ぴったりと、綿密に

My shoes fit closely.　私の靴はぴったり合う。

look closely　よく注意して見る

語源 close（閉じる、閉鎖する）より

類語

※close［クロウズ］（発音注意）

    他動・自動 閉じる、終わる

        Closed today.　本日閉店（掲示の文句）

        The speech is closed.　話は終わった。

    名 終わり

        at the close of the game　ゲームの終わりに

★closet［クラゼット］「閉じられた場所の意より」

    名 戸棚、押入れ

        an water closet　トイレ（略してW.C.）

☆disclose［ディスクロウズ］「dis－not：close（閉じる）」

    他動 （秘密などを）あばく、発表する

        disclose a secret　秘密をすっぱぬく

        disclose one's plans　計画を明らかにする

    └─☆disclosure［ディスクロウジャ］

        名 発覚・発表

☆enclose［エンクロウズ］「en－in（中に）：close（閉じる）」

    他動 囲む、同封する

        enclose a farm　農場に囲をする

        A check for $10 is enclosed.　10ドルの小切手を同封します。

    └─★enclosure［エンクロウジャ］

        名 囲うこと・囲い地

            the Enclosure Movement

                囲い込み運動・エンクロージャームーブメント

☆include［インクルード］「in－in：clude－close（閉じる）＝中に閉じこめる」

    他動 含む

        Does this price include the tax?

        この値段には税金が含まれていますか。

☆exclude［エクスクルード］「ex－out：clude－close（閉じる）＝締め出す」

（他動）締め出す・除外する

exclude light from a room　部屋に光を入れない

――☆ **exclusive** [エクスクルースィヴ]

（形）排他的な・独占的な、高級な・一流の

exclusive rights　専有権

an exclusive hotel　高級ホテル

――☆ **exclusively** [エクスクルースィヴリ]

（副）もっぱら・排他的に

He drinks tea exclusively.

彼はもっぱら紅茶ばかり飲む。

☆ **conclude** [コンクルード]「con－together：clude（閉じる）＝共に閉じる

→終える」

（他動・自動）終える、結論（決定）する

He concluded his speech.　彼は演説を終えた。

He concluded that he would go.　彼は行こうと決めた。

――☆ **conclusion** [コンクルージョン]

（名）結末、結論

the conclusion of the lecture　講演の結び

come to a conclusion that　～という結論に達する

---

045 オウン（ゴール）―― 味方のゴールにボールを入れてしまうこと。自殺点

オウンは「自分自身の・特有な、所有する」、オーナーは「所有者」
である、プロ野球の球団代表もオーナーと呼ばれているが、近年
ではオーナーズシェフが何かと人気を博していると聞く。

※ **own** [オウン]

（形）自分自身の、特有の

my own idea　私自身の考え

his own way　彼特有のやり方

（他動・自動）**所有する、**（自分のものと）**認める**

Who owns this land?　この土地は誰が持っていますか。

own one's fault　自分の失敗を認める

──※ owner [**オウナ**]

（名）**持ち主・所有者**

Who is the owner of this house?

この家の所有者は誰ですか。

046 **フォーメーション** ── **チームの組織形態**

フォーメーションは「形成・陣形」、フォームは「形、形作る」だ。フォーマル（形式ばった・正式な）、フォーミュラ（公式・処方）などに変化するが、インフォームとなれば「知らせる」、パフォームは「実行する」、リフォーム」は「直す」である。インフォメーション、パフォーマンス、リフォームあたりは日常的にもよく耳にする。おまけとしてユニフォーム、トランスフォーマー（変圧器）を付けておこう。

★ formation [**フォーメイション**]

（名）**形成・形態、隊形・陣形**

the formation of a cabinet　組閣

battle formation　戦闘隊形

──※ form [**フォーム**]

（名）**形・形式、形態、作法**

as a matter of form　形式上、儀礼上

forms of government　政治形態

It is not good form to speak with your mouth full.

口に食物をほおばったままでしゃべるのは無作法です。

（他動・自動）**形づくる・形成する、組織する**

form good habits　良い習慣を付ける

form a cabinet　内閣を組織する

── ☆ formal ［フォーマル］

形 形式ばった、正式の

　　a formal visit　儀礼的な訪問

　　formal wear　礼服・フォーマルウェア

── ☆ informal ［インフォーマル］

形 非公式の・形式ばらない

　　The meeting was informal.　その会合は非公式であった。

── ☆ formula ［フォーミュラ］

名 公式、きまり文句、処方

　　a chemical formula　化学式

　　a legal formula　法律上の慣用語句

　　a formula for a cough　咳（せき）の処方

語源 form（形、形づくる）

類語

☆ conform ［コンフォーム］「con（共に）：form（形づくる）＝同じように形づくる

　　→一致させる」

他動・自動 一致させる・適合させる

　　conform one's plan to theirs

　　　自分の計画を彼等の計画に合わせる

★ deform ［ディフォーム］「de－not：form（形）＝形を崩す→醜くする」

他動 醜（みにく）くする・変形させる（参考　ディフォルメ「美術」）

　　a face deformed by hatred　憎しみでゆがんだ顔

☆ inform ［インフォーム］「in（心の中に）：form（形づくる）＝知らせる」

他動・自動 知らせる・告げる

　　He informed me of the happy news.

　　　彼がその吉報を私に知らせた。

── ☆ information ［インフォメイション］

名 情報・通知、知識

for your information　ご参考までに

information on scientific matters　科学に関する知識

☆ **perform** [パフォーム]「per（完全に）：form（形づくる）＝完成する、遂行する」

> **他動・自動** 実行する・果たす、演じる

　　perform one's promise　約束を実行する（果たす）

　　perform one's part　自分の役を演じる

―☆ **performance** [パフォーマンス]

> **名** 実行、演奏・演技・パフォーマンス

　　　　the performance of duties　任務の遂行

　　　　a musical performance　音楽の演奏

☆ **reform** [リフォーム]「re（再び）：form（形づくる）＝再形成する」

> **他動・自動** 改正する・直す

　　reform a system of society　社会制度を改革する

☆ **transform** [トゥラァンスフォーム]「trans（移して）：form（形づくる）＝変形する」

> **他動** 変える・変化させる

　　Heat transforms water into steam.　熱は水を水蒸気に変える。

―★ **transformation** [トゥランスフォメイシヨン]

> **名** 変形（参考　デジタルトランスフォーメーション）

― **transformer** [トゥランスフォマ]

> **名** 変化させるもの（人）、（電気）変圧器・トランス

☆ **uniform** [ユーニフォーム]「uni－one：form（形）＝同じ形の」

> **形** 同一の・不変の

　　at a uniform rate　一定の率で

> **名** 制服・ユニフォーム

　　a school uniform　学校の制服

パターンは「型・模範」だ。ファッションの分野でよく使われる言葉であるが、意外にもパトロン（後援者・贔屓客・常連）につながっている。パトリオットとなると「愛国者」で、ミサイルや映画の題名として、ご記憶の向きもあろう。近頃では、あまり耳にしないが、パターナリズムとなれば「温情主義・家族主義」である。新しいところで、パターン認識となればAIの世界にもつながる。

※ **pattern** [パターン]

- 名 **模範・手本、型、模様**

  a pattern of kindness　親切の手本

  a paper pattern of a suit　スーツの紙型

  a flower pattern　花柄

語源 patr、pater（父）より、手本となるべきものの意

類語

★ **paternal** [パターナル]「pater（父）：al（形容詞語尾）」

- 形 **父の・父らしい**

  paternal love　父性愛

  — **paternalism** [パターナリズム]

  - 名 **温情主義・家族主義・パターナリズム**

☆ **patron** [ペイトロン]「父のように振るまうものの意」

- 名 **後援者・パトロン、ひいき客・常連**

  a patron of arts　芸術の後援者

  the patrons of the store　店の常連たち

  — ★ **patronage** [パトロネィジ]

  - 名 **後援・保護**

    under the patronage of　〜の後援のもとに

☆ **patriot** [ペイトリオット]「patr（父）：iot（者）＝父の国を愛する者」

名 愛国者(参考 パトリオット「米の迎撃用ミサイルシステム」)
└─ ★patriotism [ペイトリティズム]
　　　名 愛国心

048 （シューティング）レンジ ── シュートして得点する可能性のある地域

> レンジは「並び・範囲・射程」であり、動詞として「並ぶ、歩き回る」の意味がある。レンジャーとなれば、「放浪者・森林警備隊」で、西部史上名高いテキサス・レンジャー、さらにはこれにちなんだ大リーグ球団、テキサス・レンジャーズをご案内の向きもあろう。アレンジとなれば「並べる・編曲する」だ。最近はアレンジャー（編曲者）もヤングに人気と聞く。ちなみに、フラワーアレンジメントとなれば「生け花」である。

☆range [レインヂ]
　　名 並び、範囲、射程、料理かまど(レンジ)
　　　　a range of mountains　山脈
　　　　the range of her voice　彼女の音域
　　　　a long-range missile　長距離ミサイル
　　自動・他動 並ぶ、〜に及ぶ、歩き回る
　　　　The large houses ranged along the road.
　　　　　大きな家が道路に沿って並んでいた。
　　　　as far as the eye can range　目の届くかぎり
　　　　range through the woods　森の中を歩き回る
└─ ★ranger [レインヂャ]
　　　名 うろつく者・放浪者、森林警備官 ⑱ 、レインジャー(特に森林や無人地域でゲリラ活動をする訓練を受けた兵)

語源 range(並ぶ、並べる、列)

64

類語

☆arrange［アレインヂ］「ar－to：range（列）＝列に入れる」

他動・自動 並べる、調整する、編曲する

arrange the meeting　会合のおぜんだてをする

arrange a piece of music for the violin
楽曲をバイオリン曲に編曲する

── ☆arrangement［アレインヂメント］

名 整理、取り決め、（〜ｓ）準備、編曲・脚色

flower arrangement　生け花

At last they came to an arrangement.
ようやく彼等の話し合いがついた。

make arrangements for　〜の準備をする

an arrangement for the piano
ピアノ曲への編曲作品

── arranger［アレインヂャ］

名 編曲者

derange［ディレインヂ］「de－apart（離れて）：range（列）」

他動 乱す・錯乱させる

She is deranged by cares.
彼女は心配ごとで精神が錯乱している。

---

049 （シュート）コース ── シュートの進路、シュートの打てるコース

コースは「進路・進行」で、陸上競技のコース、料理のコース、進
学コースなどが分かりやすい用例である。「走る」の意のcurを原
義とする言葉で、オカー（起こる）、インカー（招く）、カレント（流
行の・現在の）、コンコース（中央広場）などにつながっている。

※course［コース］

（名）進路、進行・過程、（運動、競技などの）**コース**、（定食の）**一品・コース**

The ship changed its course.　船は進路を変えた。

the course of study　学習過程

（他動・自動）**早く走る**・（液体が）**勢いよく流れる**

Tears coursed down her cheeks.　涙が彼女のほほを流れ落ちた。

（語源）cour－run（走る）より

（類語）

☆ concourse [**カ**ンコース]「con－together（共に）：course（走る）＝走り集まる→合流」

（名）（人・物の）**集中、中央広場・コンコース**

at the concourse of two rivers　二つの川の合流点で

☆ intercourse [**イ**ンタコース]「inter（中を）：course（走る）→交際」

（名）**交際・交流**

the cultural intercourse between the two nations
両国間の文化交流

★ discourse [**ディ**スコース]「dis－from：course（走る）＝いったり来たりする→会話」

（名）**講演、会話**

in discourse with　～と語り合って

☆ incur [**イ**ンカ～]「in－into：cur－cour（走る）＝ある状態に陥る」

（他動）（危険・損害・非難などを）**招く・受ける**

incur losses　損害を受ける

☆ occur [**オ**カ～]「oc－toward：cur（走る）＝～の方にやってくる、→起こる、～に浮かぶ」

（自動）**起こる・発生する、思い浮かぶ**

A big earthquake occurred in Tokyo in 1923.
1923年東京に大地震が起こった。

A bright idea occurred to me.　すばらしい考えが浮かんだ。

☆ current [**カ**～レント]「curr（走る）：ent（形容詞語尾）＝流れている」

形 通用する・流行する、現在の

　current money　通貨

　current English　時事（現代）英語

名 流れ、時勢の流れ

　a cold current　寒流

　the current of public opinion　世論の動向

──☆currency［**カ**〜レンスィ］

　　名 通用・流通、通貨

　　　words in common currency　一般に通用している語

　　　paper currency　紙幣

★excursion［イクス**カ**〜ション］「ex−out：curs（走る）：ion（名詞語尾）＝外
　へ走り出る」

　　名 遠足・観光旅行

　　go on an excursion　遠足に行く

ファウルは「汚い・反則の、反則、汚す」である。野球ではファウルボールがあるが、これは決して「汚い」球ではない。「指定された領域に外れている」の意味なのだ。陸上競技などの場合も同じである。サッカーの場合は、相手に対する肉体的な不法妨害、危険なプレー、スポーツマンらしからぬプレーがファウルの対象となる。

☆ foul [ファウル]

> 名 反則、(野球)ファウルボール

> 形 汚い、反則の・不正な

> foul air　汚れた空気

> foul play　反則、不正行為

> 他動 汚す・傷付ける

> It's an ill bird that fouls its nest.
> どんな鳥でも自分の巣はよごさない。《諺》

051 シグナル ── レフリー、ラインズマンが体の動作によって行う合図

シグナルは「合図・信号」、語源となるサインは「しるし・合図・記号、合図する」だ。有名人のサイン、ネオンサインあたりが分かりやすい用例だろう。デザインとなれば「意匠、計画する・設計する」となる。デザイナーを知らない人はいないだろう。さらに、アサインとなると「割り当てる」、リザインとなると「辞職する」だ。アサイメントは「宿題」だからよく覚えておこう。

☆ signal [スィグナル]

> 名 信号・合図・シグナル

a traffic signal　交通信号

他動・自動 信号を送る、合図する

└─※ sign［サイン］

名 しるし、合図、記号、標識・看板

as a sign of one's love　愛のしるしとして

make a sign of　～の合図をする

the plus sign　プラス記号（+）

Good wine needs no sign.

よい酒に看板はいらない。《諺》

他動・自動 合図する、署名する

The coach signed me to hit.

コーチは私に打てと合図した。

sign a letter　手紙に署名する

語源 sign（印を付ける）

類語

☆ assign［アサイン］「as－to（～に）：sign（印を付ける）＝誰のものか分かるように印を付ける→割り当てる」

他動 割り当てる・（人に）与える、指定する

They assigned us a small room.

彼らは私達に小さな部屋を割り当てた。

assign a day for a meeting　会合の日を指定する

└─☆ assignment［アサインメント］

名 割り当て・宿題・仕事

Have you done your assignment?

君はもう宿題をやってしまったのか。

☆ consign［コンサイン］「con－together：sign（印を付ける）＝委託する、任せる」

他動 委託する・任せる

consign one's soul to God　魂を神にゆだねる、死ぬ

☆ design［ディザイン］「de－down（下に）：sign（印を付ける）＝設計する」

名 デザイン・意匠、計画

designs for dresses　服のデザイン

by design　計画的に、故意に

他動・自動 計画する、設計する

She designs to be a nurse.　彼女は看護婦になるつもりである。

Mr. Smith designed the hall.　スミス氏がそのホールを設計した。

☆ **designer** [ディ**ザ**イナ]

名 デザイナー、設計者

☆ **designate** [**デ**ズィグネイト]「design：ate(動詞語尾・〜する)」

他動 指定する、指名する

Underlines designate important words.

下線は重要語を示す。

a designated hitter　(野球)指名代打者(DH)

☆ **resign** [リ**ザ**イン]「re−back, again：sign(署名する)＝辞職する(辞職の時は再び署名する)」

自動・他動 辞職する

He resigned from his office.　彼は辞職した。

★ **resignation** [レズィグ**ネ**イション]

名 辞職・辞表

a letter of resignation　辞表

★ **signify** [ス**ィ**グニファイ]「sign(しるし)：ify(動詞語尾・〜にする)＝(合図、身振りなどで)〜を示す、意味する」

他動・自動 表明する、意味する・重要である

He signified that he would resign.

彼は辞職することを表明した。

What does this phrase signify?　この句はどういう意味か。

It doesn't signify.　それはたいしたことではない。

☆ **significance** [スィグ**ニ**フィカンス]

名 意味、重要性

the real significance of this event

この事件の真の意味

a matter of no significance　なんでもない事

└─ ※ significant [スィグニフィカント]

> **形** 意味のある、重要な

a significant wink　意味深長な目配せ

a significant fact　重要な事実

└─ ☆ signature [スィグナチャ]

> **名** 署名

They collected signatures.
彼らは署名を集めた。

052 ペナルティ（キック）── 自陣のペナルティエリア内で反則を侵した場合、相手に与えられるフリーキック

ペナルティは「罰・罰金」だ。まあ、ゴルフのペナルティが分かりやすい用例だろう。ペインとなれば「苦痛」である。昔から、罰は痛いものと相場が決まっている。類語としてパニッシュ（罰する）、リペント（後悔する）を付け加えておこう。余談ともなるが、近年はペインクリニックが大流行と聞く。

☆ penalty [ペナルティ]

> **名** 罰・罰金

death penalty　死刑

語源 pen(pun)−pain(苦痛、罰)より

類語

☆ pain [ペイン]

> **名** 苦痛、(通例〜s)骨折り

He cried with pain.　彼は痛くて泣いた。

No pains, no gains.　苦は楽の種。《諺》

他動・自動 苦痛を与える

My cut knee pains me.　傷付いたひざが痛む。

☆ **painful** [ペインフル]

形 痛い、骨の折れる

a painful cut in the finger　指の痛い切り傷

a painful duty　苦しい務め

☆ **punish** [パニッシュ]

他動 罰する

punish a person with (by) death　人を死刑に処する

☆ **punishment** [パニシュメント]

名 罰

physical punishment　体罰

☆ **repent** [リペント]「re−again」

自動・他動 後悔する・悔い改める

He has nothing to repent of.　彼は後悔することは何もない。

He repented his sin.　彼は罰を悔い改めた。

---

053 フリー（キック） ── 不法行為、反則があった場合、相手方に与えられるキックで、直接（ダイレクト）フリーキックと間接フリーキックの二種類がある

フリーは「自由な」、「フリードム」は「自由」だ。レストランの「フリードリンク」が分かれば説明は不要だろう。全くの余談となるが、この訳語は、福沢諭吉によるとの説があるものの、日本初の法学博士の一人、穂積陳重によると幕府外国方英語通辞の森山多吉郎となっている。当初は、自主・自尊・自得・自若・自主宰・任意・寛容など様々の訳語があったと聞く。余談ではあるが、大事な言葉だから、いささかのウンチクを披露させていただいた。

※ free［フリー］

  🔲形 **自由な、ひまな、無料の、気前のよい**

    set a slave free　奴隷を解放する

    Are you free now?　今お暇ですか。

    a free ticket　無料切符

    He is free with money.　彼は金を惜しまない。

  🔲他動 **自由にする・解放する**

    free a bird from a cage　かごから鳥を放す

  ─☆ freedom［フリーダム］

    🔲名 **自由、解放**

      freedom of speech　言論の自由

      freedom from poverty　貧困からの解放

054 ホールディング ── 相手を手や腕で押さえる反則。直接フリーキックとなる

ホールディングは「掴むこと・保有」、ホールドは「掴む・保つ」である。まあ、「ホールドアップ」をご案内の向きも多いだろうが、ホールドは登山（足がかり）、レスリング（抑え込み）、社交ダンス（腕の姿勢）などでも使われている。ホルダーともなれば、文具の一種で、感じがよく分かる言葉だ。

☆ holding［ホウルディング］

  🔲名 **つかむこと・保有（物）、（バレー、バスケット等の）ホールデング**

    small holdings　小さい持ち地所

  ─※ hold［ホウルド］

    🔲他動・自動 （held, held）**持つ・つかむ、保つ、催す**

      I held her by the sleeve.　私は彼女のそでをつかんだ。

      Hold the line, please.　（電話で）このままお待ち下さい。

      hold a meeting　会を催す

  ─★ holder［ホウルダ］

名 支える物・入れ物、保有者・所有者

　　a pen holder　ペン軸

　　the holder of power　権力を握る人

── ☆ uphold [アプホウルド]

他動 (upheld, upheld)**支える、支持する**

　　uphold the roof　屋根を支える

　　uphold the movement　運動を支持する

── ☆ withhold [ウィズホウルド] 「with－back」

他動 (withheld, withheld)**引き止める、保留する**

　　The heavy rain withheld us from going out.

　　その大雨で私たちは外出を取り止めた。

　　withhold payment　支払を保留する

055 オブストラクション ── ボールをプレーする意志なしに、故意に相手の動きを妨害する反則。間接フリーキックとなる

オブストラクションは「妨害」、オブストラクトは「妨害する」だ。野球ファンなら「走塁妨害」のオブストラクションを知っていよう。「建てる」の意のstructを語源とする言葉で、コンストラクト（組み立てる・建築する）、インストラクト（教える）など結構重要な単語につながっている。まあ、インストラクターあたりを知らない人は少ないだろう。コンストラクター（建設業者）もゼネコン（ゼネラル・コンストラクター）と聞けば大方は耳にしたことがあろう。長くなるので、説明は省略するが、自動車レースのファンであればコンストラクターズポイントを知っているはずだ。

★ obstruction [オブストラクション]

名 **妨害・障害**

　　a policy of obstruction　妨害政策

── ★ obstruct [オブストラクト]

他動 妨害する・邪魔する

The truck obstructed the traffic.

そのトラックは交通の邪魔をした。

語源 of－against（邪魔して）：**struct**－build（建てる）＝邪魔になるように建てる→妨害する」

類語

☆ **construct** ［コンストラクト］「con（共に）：struct（建てる）＝組み立てる」

他動 組み立てる・建築する、構成する

construct a building　ビルを建てる

construct a theory　理論を構成する

└── ☆ **construction** ［コンストラクション］

名 建設、構造・構造物

The building is under construction.

そのビルは建築中です。

a building of very solid construction

とてもがんじょうな造りのビル

☆ **destruction** ［デストラクション］「de－down（反対）：struction（建設）＝破壊」

名 破壊

the destruction of a town by an earthquake

地震による町の破壊

└── ☆ **destroy** ［デストロイ］

他動 破壊する・滅ぼす

The enemy destroyed the town.

敵軍が町を破壊した。

（参考　伝説的なプロレスラー、デストロイヤー）

☆ **instruct** ［インストラクト］「in－in（中に）：struct（築く）＝人の心の中に築く→教える」

他動 教える、指図する

He instructs us in Latin.　彼は私達にラテン語を教える。

He instructed us to lock the gate.

　彼は私達に門の錠をかけるよう指図した。

── ☆ instruction [インストラクション]

　　名 教授・指導、(～s)指図

　　　　give instruction in English　英語を教授する

　　　　give full instructions　詳細な指図をする

── ☆ instructor [インストラクタ]

　　名 教師

　　　　an instructor in history　歴史の教師

☆ structure [ストラクチャ]「struct(築く)：ure(名詞語尾)＝構造」

　名 構造、建物

　　　the structure of society　社会構造

　　　the oldest structure in Japan　日本最古の建物

056 コーション ── レフリーの公式の警告。繰り返し反則を侵した時、言葉や態度な
　　　　　　　　どでレフリーの判定に抗議した時、非紳士的な行為をした時など
　　　　　　　　に、レフリーがイエローカードを出して行う

コーションは「警告・用心、警告する」だ。コーシャスとなれば「用
心深い」となる。やや、専門的であるが、あえて言えば、安全のため
建物の機器などに張られている「コーションラベル」、自動車レース
などで事故が発生した際、危険を防止するために走行のペースを落
とす「フルコーション」などの用例があることをご紹介しておこう。

☆ caution [カゥション]

　名 用心・警戒、警告

　　Caution!　危険注意(掲示の文句)

　　by way of caution　警告として・念のため

他動 警告する

I cautioned him.　私は彼に警告した。

── ★cautious [カゥシャス]

　　形 用心深い

　　　a cautious driver　慎重な運転者

057 サスペンデッド（ゲーム） ── 一時停止試合

サスペンデットは「吊るされた・一時中止された」で、サスペンドは
「吊るす・一時中止する、見合わせる」だ。サスペンダー（ズボン
吊り）、サンペンション（自動車の懸架装置）、サスペンス（宙ぶら
りん・不安）にも変化するが、ディペンドとなれば「依存する」で、
インディペンデントは「独立の」である。首飾りのペンダント、時計
のペンデュラム（振り子）もおまけとして付けておこう。

☆suspend [サスペンド]

　　他動 つるす、一時中止する・見合わせる

　　　lamps suspended from the ceiling　天井からつるされたランプ

　　　suspend payment　支払いを一時停止する

── ★suspense [サスペンス]

　　　名 不安（宙ぶらりんの状態）・サスペンス、宙ぶらりん・未決（参考　サ
　　　スペンス「映画・小説など」）

── ☆suspension [サスペンション]

　　　名 つるすこと、中止、サスペンション（自動車の車体支持装置）

── suspender [サスペンダー]

　　　名 サスペンダー・ズボンつり⦅米⦆・靴下どめ⦅英⦆

語源 sus－under（下へ）：**pend－hang**（ぶらさがる、かかる）＝つり下げる

類語

※depend [ディペンド]「de－down（下に）：pend－hang（かかる）＝ぶらさ

がる→依存する」

自動 頼る、依存する

You can depend on him. 彼は信頼できる。

We depend on other countries for oil.

我が国は石油を他の国に依存している。

──☆ **dependent** [ディペンデント]

形 頼っている、～次第である

He is still dependent on his parents.

彼はまだ両親に依存している。

Our trip is dependent on the weather.

我々の旅行はお天気次第だ。

──☆ **independent** [インディペンデント] 「in－not」

形 独立の・自立している

an independent country　独立国

（参考　米国の SF 映画「インデペンデンス・デイ」）

★ **expend** [イクスペンド] 「ex－out：pend（かかる→秤にかける）→（金を）計って出す→金を払う」

他動 （金・時間などを）**使う**

expend time on　～に時間を使う

──☆ **expense** [イクスペンス]

名 支出・費用

at one's own expense　自費で

──※ **expensive** [イクスペンスィヴ]

形 費用のかかる・高価な

an expensive dress　高価なドレス

──☆ **expenditure** [イクスペンディチュア]

名 支出・経費

a wasteful expenditure　むだづかい

☆ **pending** [ペンディング] 「pend－hang（かかる）：ing」

形 未解決の・宙ぶらりんの

a pending question 懸案の問題

pendant [ペンダント]

   名 ぶら下っているもの・(首飾りなどの)ペンダント

★ pendulum [ペンヂュラム]

   名 時計の振子

058 アドバンテージ・ルール ── 反則があった場合でも、反則された側が有利にゲームを進めているとレフリーが判断した場合には、ゲームを中断せずプレーを継続させること

アドバンテージは「有利な立場・優位」で、テニスでもデュースの際に先に一点を先取するとアドバンテージとなる。この動詞がアドバンスで、「進む・進歩する、進歩」である。アドバンスコースは「上級コース」なのだ。ルールは言うまでもなく「規則・支配、支配する」である。ルーラーとなれば「支配者」であるが、「定規」の意味もあることに注意しよう。

☆ advantage [アドヴァンティッヂ]

   名 有利な立場・優位、利益・利点

     take advantage of ～を利用する

     the advantage of living in the country いなかに住む利点

── ☆ disadvantage [ディスアドヴァンティッヂ]

     名 不利・損

── ☆ advance [アドヴァンス]

     自動・他動 進む、進歩する

       The leader told his men to advance.

        指揮官は部下に前進せよと命じた。

       advance in knowledge 知識が進歩する

     名 前進、進歩

the advance of troops　軍隊の前進

the general advance of society　社会全般の進歩

└─ ☆ **advanced**［アドヴァンスト］

形 **進んだ、高等の・上級の**

an advanced country　先進国

an advanced course　高等科

※ **rule**［ルール］「元義は定規」

名 **規則、支配、習慣**

the rules of the road　交通規則

The country was under British rule.

その国は英国の支配下にあった。

make it a rule to do　～することにしている

他動・自動 **支配する**

rule a country　国を治める

─ ☆ **ruler**［ルーラ］

名 **支配者、定規**

the Roman ruler Julius Caesar

ローマの支配者ジュリアス・シーザー

a T-square ruler　T型定規

└─ ☆ **ruling**［ルーリング］

形 **支配する・有力な**

the ruling party　第一党

名 **支配**

059 アピール ── レフリーやラインズマンの判定に対する不満の表明（判定に対する
抗議は認められておらず、露骨な場合は警告を受けることがある）

アピールは「訴える、訴え・魅力」である。コンペルとなれば「強
制する」、エキスペルとなれば「追い出す」、プロベルとなれば「推

進する」である。ここから意外にも飛行機のプロペラがでてくるのだ。まあ、全くの余談となるが、就活などではアピールポイントが強く求められるが、この際、セックスアピールを挙げるのはまずいだろう。

☆ appeal [アピール]

名 訴え・懇願、魅力

make an appeal for help　助けを求める
sex appeal　性的魅力・セックスアピール

自動・他動 懇願する、訴える

He appealed to me for help.　彼は私に援助を懇願した。
appeal to arms　武力に訴える

語源 ap - to：**peal**(pel) - drive(追い立てる、押し動かす)=人の心を押し動かす

類語

☆ compel [コンペル]「com - together：pel(追い立てる)=追い立てて～させる」

他動 強制する・無理に～させる

I was compelled to work.
私は働かないわけにはいかなかった。

└ ☆ compulsory [コンパルサリ]

形 強制的な・義務的な

compulsory education　義務教育
(参考　コンパルソリー「フィギュアスケートの規定種目、現在は行われていない」)

☆ expel [イクスペル]「ex - out：pel(追い立てる)=外へ追う」

他動 追い出す

He was expelled from school.　彼は退学させられた。

★ propel [プロペル]「pro - forward：pel(追い立てる)=前へ追う」

他動 押す・推進する

This ship is propelled by steam.　この船は蒸気で進む。

└─★ propeller [プロペラ]

　　　　名 (汽船・飛行機などの)推進器・プロペラ、推進者

★ dispel [ディスペル]「dis－away：pel(追い立てる)＝向こうの方へ追う」

　　他動 追い払う・一掃する

　　　　The rising sun dispelled the mist.　朝日が霧を追い払った。

★ impel [インペル]「im－forward：pel＝前の方へ追う」

　　他動 押し進める、無理に～させる

　　　　The wind impelled our boat out to sea.

　　　　風が私たちのボートを海へ押し出した。

　　　　What impelled him to do so?　何が彼にそうさせたか。

---

060 ロス（タイム）── ゲーム中に、競技に関係なく事故などで費やされた時間。レ
　　　　フリーの判断でその分だけ試合が延長される

ロスは「失うこと・損失・敗北」、ルーズは「失う・負ける」だ。ロス
トとなれば「失った」で、ゴルフのロストボールが大変分かりやす
い用例だろう。近年では「食品ロス」が大きな課題となっている。

☆ loss [ロース]

　　名 失うこと、損失、敗北

　　　　loss of sight　失明

　　　　profit and loss　利益と損失

　　　　Our team had three losses.　わがチームは3回負けた。

　　　　at a loss　途方に暮れて

　└─※ lose [ルーズ]

　　　　　　他動・自動 (lost, lost)失う、見失う、逃がす、敗ける、(時計が)遅
　　　　　　れる

　　　　　　lose one's watch　時計を失くす

　　　　　　lose the path　道が分からなくなる

lose a train　汽車に乗り遅れる

lose a game　試合に負ける

This watch loses three minutes a day.

　この時計は一日3分遅れる。

─※ lost [ロースト]

　　形 失った、負けた、道に迷った

　　　　lost time　空費された時間

　　　　a lost battle　負けいくさ

　　　　a lost child　迷子

─☆ loser [ルーザ]

　　形 敗者

　　　　Losers are always in the wrong.

　　　　勝てば官軍、負ければ賊軍。《諺》

061 インジャリー（タイム）── 負傷者の手当のために費やされた時間で、この分試合は延長される

インジャリーは「負傷・損害」、インジュアー「傷付ける・害する」だ。ジュリーとなれば「陪審・陪審員」、ジュリストは「法律専門家・法律学者（学生）」である。法律学専門の月刊誌『ジュリスト』をご案内の向きもいよう。

☆ injury [インヂュリ]

　名 負傷、損害・害

　　the injury to one's head　頭部の負傷

　　This is an injury to our health.　これは健康に良くない。

─☆ injure [インヂャ]

　　他動 傷付ける、（感情などを）害する

　　　injure one's eyes　目をけがする

　　　injure a friend's feelings　友人の感情を害する

──┃ ★injurious [インヂューリアス]

　　　形 有害な、中傷的な

　　　　be injurious to health　健康に有害である

　　　　injurious words　中傷的な言葉

語源 in－not：jury－right（正しい）、law（法）＝正しくない→正しくないことを
する→害する、傷付ける

類語

☆ jury [ヂューリ]

　　　名 陪審（ばいしん）・陪審員

　　　　a trial by jury　陪審裁判

★ jurist [ヂューリスト]

　　　名 法律専門家（弁護士・裁判官など）、法律学者（学生）

★ juror [ヂューラ]

　　　名 陪審員・審査員

---

062 アディショナル（タイム）── 負傷などで空費された時間を補う追加時間。ロスタ
　　　　　　　　　　　　　　　　　　イムと同じであるが、こちらの方が正式な用語である

アディショナルは「追加の」、アディションは「追加」、アドは「追加す
る」だ。なじみの薄い言葉のように思えるが、実はそうでもない。
金利のアドオン方式をご案内の向きもあろう。以前は消費者金融
の金利表示で使われることもあったが、現在ではクレジットカード
の分割払いで使われている。

※ additional [アディショナル]

　　　形 追加の

　　　　an additional charge　割増料金

──☆ addition [アディション]

名 追加、足し算

　　in addition　その上

　　in addition to　～に加えて

└─ ※ add [アド]

　　他動 加える

　　　add sugar to coffee　コーヒーに砂糖を加える

063 エキストラ（タイム） ── 前後半の全ての時間が終了し、「アディショナルタイム」が終了した後、同点の際、勝者を決めるため、追加されたプレー時間

エキストラは「臨時の・余分の、臨時雇い・余分」だ。映画のエキストラ、野球のエキストライニング（延長回）、ゴルフのエキストラホールは分かりやすい用例だろう。これがインテリア（内部の、内部）となれば、日本ではお馴染みの「室内装飾」である。

☆ extra [エクストラ]

　形 余分の・臨時の

　　an extra train　臨時列車

　名 余分、規定外の物（割り増し料金・号外・臨時増刊・臨時雇い・映画のエキストラ）

　　Wine is an extra.　酒代は別にちょうだいします。

　副 余分に・特別に

　　extra good wine　飛びきり上等のぶどう酒

語源 exter－outer（外の）より

類語

★ exterior [エクスティーリア]「exter の比較級」

　形 外の・外部の、対外的な

　　the exterior side　外側

　　an exterior policy　対外政策

名 外部・外側

He painted the exterior of his house.

彼は家の外側をペンキで塗った。

└─ ※ interior [インティアリア]

形 内部の・内側の、国内の

interior decoration　室内装飾

the interior trade　国内貿易

名 内部

the interior of a house　家の内部

☆ external [エクスタ～ナル]

形 外の・外部の、表面的な

the external world　外界

external politeness　見せかけの丁寧さ

名 外部・(～s)外観

Don't judge people by mere externals.

単に外観だけで人を判断するな。

└─ ☆ internal [インタ～ナル]

形 内の・内部の

internal organs　内蔵

☆ extreme [エクストリーム]「exter の最上級」

形 極端な・非常な、先端の・果ての

extreme pain　激痛

extreme hopes　最後の望み

名 極端・(～s)両極端

Extremes meet.　両極端は一致する。《諺》

└─ ☆ extremely [エクストリームリ]

副 非常に・極端に

She is extremely happy.　彼女はとても幸せです。

☆ extraordinary [エクストローディネリ]「extra(外の)：ordinary(普通の)
＝普通であることを越えている」

形 異常な・法外な、特別の・臨時の

　extraordinary situations　異常な事態

　an extraordinary general meeting　臨時総会

---

064 ドロー ── 引き分け

ドローは「引く、引き抜く・引き分ける、引くこと・引き分け」だ。ドラフトとなれば「引くこと・選択・設計図」、ドラッグとなれば「引く・引きずる」だ。いずれも「引く」ことが基本となっている。野球のドロンゲーム、ドラフト会議（選手の選択会議、ドラッグバントなどは分かりやすい用例だろう。ドローイングとなれば、線を引くから「絵・画」になる。勿論、ズロース（ドロワース）もあるが、この際、深入りは避けておこう。

※ **draw**［ドゥロー］

　　他動・自動 （drew, drawn）**引く、引き抜く**、（図や線を）**引く**、（関心を）**引く**、（勝負を）**引き分ける**

　　Horses draw carts.　馬が馬車を引く。

　　draw a gun　ピストルを引き抜く

　　draw a line　直線を引く

　　draw one's attention　注意を引く

　　The game was drawn.　ゲームは引き分けになった

── ☆ **drawn**［ドゥローン］

　　　形 **引き分けの、引き抜かれた**

　　　　a drawn game　引き分け試合・ドロンゲーム

　　　　a drawn sword　抜き身の刀

── ☆ **drawer**［ドゥローア］

　　　名 **引き出し**、（〜s）**ズボン下・ズロース**

　　　　a table drawer　テーブルの引き出し

a pair of drawers　ズボン下一枚

── ☆ **drawing** [ドゥローイング]

　　　名 **線を引くこと、絵・図**

　　　　drawing paper　画用紙

── ★ **drawing room** [ドゥローイングルム]

　　　名 **応接間** [ディナーの後女客たちが食堂から退出(withdraw)して
　　　　休息することから]

語源 draw(引く)

類語

☆ **withdraw** [ウィズドゥロー]「with－back：draw」

　　他動・自動 **引っ込める、退かせる**

　　　　He withdrew his hand from mine.

　　　　　彼は私の手から自分の手を引っ込めた。

　　　　withdraw one's son from school　息子を退校させる

☆ **draft, draught** [ドゥラァフト]

　　名 **引くこと・引き抜くこと・選択、設計図・草案**(線等を引くことより)

　　　　make a draft on (upon)　(資金などを)引き出す

　　　　a draft for a speech　演説の草稿

　　　　(参考　野球「ドラフト会議」)

　　他動 **選択する、下図を書く**

　　　　He was drafted into the army.　彼は軍隊に招集された。

　　　　draft a speech　演説の草稿を書く

☆ **drag** [ドゥラァッグ]

　　他動・自動 **引く・引きずる**

　　　　drag one's feet　足を引きずって歩く、故意にぐずぐずする

　　名 **引きずること**

　　　　walk with a drag　足を引きずって歩く

　　　　(参考　野球「ドラッグバント」)

サドン・デス ── 延長戦において、どちらかのチームが得点を挙げた時点で、試合が終了となる試合方式

サドンデスは「突然の死」の意だ。サドンは「突然の」、サドンリーとなれば「突然に」である。一方、デスは「死」、ダイは「死ぬ」、デッドは「死んだ・死んだような」である。デスマッチ、ダイイングメッセージ、デッドボール、デッドヒートなどには聞き覚えがあろう。

☆ sudden［サドン］

　形 突然の・不意の

　　a sudden shower　にわか雨

　名 突然

　　all of a sudden　突然に

── ※ suddenly［サドンリ］

　　　副 突然・不意に

　　　　Suddenly the horse started running.
　　　　突然その馬が走りだした。

※ death［デス］

　名 死・死亡

　　He was burnt to death.　彼は焼け死んだ。

　　(as) pale as death　（死神のように）まっ青で

── ※ die［ダイ］

　　　自動・他動 死ぬ・枯れる

　　　　die of illness　病気で死ぬ

── ※ dead［デッド］

　　　形 死んだ、死んだ様な・活気のない、全くの

　　　　Dead men tell no tales.　死人に口なし。《諺》
　　　　dead water　よどんだ水
　　　　a dead heat　白熱戦・デッドヒート

副 全く・すっかり

be dead asleep ぐっすり眠っている

名 (the 〜)死者たち

the dead and the living 死者と生者

★deadly [デドリ]

形 致命的な

a deadly blow 致命的な一撃

副 死んだ様に、ひどく

be deadly pale 死人のように青ざめている

deadly tired ひどく疲れた

4 プレーヤーなど

066 フォワード ── 前衛。チームの最前線に位置し、主として攻撃を任務とするプレーヤー

フォーワードは「前衛、前の、前へ、進める」で、名詞から動詞、形容詞、副詞として広く使われている。サッカーには全く縁のないという人でも、メールなどの「転送」にはフォーワードを使っているだろう。

☆ forward [フォーワド]
- 形 前の、前進的な
  - the forward part of a bus　バスの前部
  - a forward opinion　進歩的な意見
- 名 (スポーツ)前衛
- 副 前方へ、将来・以降
  - go forward　前進する
  - look forward to　～を楽しみに待つ
- 他動 進める
  - forward a plan　計画を進める
- forward-looking [フォワードルッキング]
  - 形 前向きの
- forwardness [フォワードネス]
  - 名 出しゃばり、早いこと

067 ウイング ── フォワードの両翼に位置するプレーヤー。レフトウイングとライトウイングの2人

ウイングは「翼・(建物などの)そで」だ。空港やホテルなどでよく使われている。全くの余談であるが、おまけとして中森明菜のヒッ

ト曲、「北ウイング」を付けておこう。

☆ wing［ウィング］

名（飛行機・鳥の）**翼**、（建物・舞台の）**そで**、**（サッカー）ウイング**

The bird spread its wings.　鳥は翼を広げた。

the north wing of a house　家の北側のそで

他動・自動 **翼をつける**、（翼をつけたように）**飛ばす**

Fear winged his steps.　彼は恐怖にかられて足を早めた。

wing an arrow at the mark　的に矢を飛ばす

---

068 ミッドフィルダー ── 中衛。フォワードとフルバック（ディフェンダー）の間に
位置し、攻守両面を担当するプレーヤー。ハーフバックと
もいう

ミッドフィルダーはミッドとフィルダーの合成語だ。ミッドについては
先に、**016** ミドル（シュート）でやったので、ここではフィルダー、
フィルドである。フィルダーは野球のフィルデング、フィルダース
チョイス（野手選択）、インフィールドフライが分かりやすい用例だ
ろう。競技場だけでなく、「田畑・分野・野原・戦場」のなどの意味
があることに注意しよう。古来、戦争は野原で行われたのである。

★ fielder［フィルダー］

名（野球、クリケット）**野手**

※ field［フィールド］

名 **野原、田畑、戦場、分野、競技場・フィールド**

a snow field　雪原

a rice field　田んぼ

fall in the field　戦死する

the field of biology　生物学の分野

形 **野外の・実地の**

　　　　a field test　フィールドテスト
　　├── fielding［フィールディング］
　　　　　名 守備・フィールディング

069 フルバック ── 後衛。チームの最後尾に位置し、主に守備を担当するプレーヤー

> フルバックは「後衛」。フルは「いっぱいの、完全な」だが、形容詞
> だけでなく名詞、副詞としてもよく使われる。フルスピード、フル
> ネーム、フルスイングなどは分かりやすい用例だろう。フィルとな
> れば「満たす」、フルフィルは「果たす・満たす」となる。

★ full－back［フルバック］
　　　名 （サッカー、ラグビーなどの）後衛・フルバック
　├── ※ full［フル］
　　　　　形 いっぱいの、完全な、満腹の
　　　　　at full speed　全速力で・フルスピードで
　　　　　a full moon　満月
　　　　　I'm full.　私は満腹です。
　　　　　名 十分・完全
　　　　　sign one's name in full　略さずに署名する
　　　　　副 十分に・完全に
　　　　　I know it full well.　私はそれを十分知り尽くしている。
　　├── ★ fully［フリ］
　　　　　　　副 十分に・完全に
　　　　　　　eat fully　腹一杯食べる

語源 full（いっぱいの）
類語
※ fill［フィル］
　　他動・自動 満たす・いっぱいにする

fill a glass with water　コップに水を満たす

☆ **fulfill** 米, **‐fil** 英 [フル**フィ**ル] 「full：fill」

他動 （約束・責任を）**果たす**、（条件を）**満たす**

fulfill one's promise　約束を果たす

fulfill requirements　必要条件を満たす

070 ディフェンダー ── フルバックの別称

ディフェンダーは「防御者」、ディフェンドは「防ぐ」、ディフェンスは「防御」だ。ゴルフやボクシングなどでは、ディフェンデングチャンピオンといった名称がよく用いられているが、これは前年度のチャンピオンのことで、チャンピオン（選手権）を守る立場の人を指している。

★ **defender** [ディ**フェ**ンダー]

028 オフェンスの項参照

071 スイーパー ── フルバックでゴールキーパーの前にいて味方の守備の乱れをカバーするプレーヤー

スイーパーは「掃除をする人・掃除機」、スイープは「掃除する・一掃する」だ。感じが分かりやすい言葉だか、サッカー以外にマラソンにもある。こちらは、最後尾の安全確認などのため「制限時間に合わせて、最後尾で走る人」である。

★ **sweeper** [ス**ウィ**ーパ]

名 掃除をする人・掃除機、（サッカー）スイーパー

a street sweeper　道路清掃人

※ **sweep** [ス**ウィ**ープ]

（他動・自動）(swept, swept)**掃除する、さっと通る**

sweep the room 部屋を掃除する

The typhoon swept the islands.
その台風は列島を吹き抜けた。

名 **掃除・一掃、流れ**

Let's have a thorough sweep. 大掃除をしよう。

the sweep of the wind 風の流れ

★ sweeping [スウィーピング]

形 **一掃する、圧倒的な**

a sweeping storm すさまじい嵐

a sweeping victory 圧倒的な勝利

名 **そうじ、一掃**

072 ストライカー ── 得点することが主な任務となっているプレーヤーで、通常はセンターフォワードを指すことが多い

ストライカーは「打つ人」、ストライクは「打つ・ぶつける」、ストロークは「打つこと・一打」だ。ストライクは野球で、ストロークはゴルフや水泳でよく使われている。

☆ striker [ストライカー]

名 **打つ人・打者・(サッカー)ストライカー**

※ strike [ストライク]

名 **打つこと、ストライキ**

I heard the strike of the clock.
時計の打つ音が聞こえた。

be on (a) strike ストライキをしている

（他動・自動）(struck, struck)**打つ、ぶつける、人の心を打つ(感動させる、心に浮かぶ)**

He struck me on the head. 彼は私の頭をなぐった。

He struck his head against the door.

彼はドアに頭をぶつけた。

A good idea struck me.　よい考えがふと心に浮かんだ。

── ☆ **striking**［ストライキング］

形 目立つ・著しい

a striking dress　人目をひくドレス

── ☆ **stroke**［ストロウク］

名 打つこと・一打、一動作、一筆

the stroke of a hammer　ハンマーの一打

a stroke of a piston　ピストンの一動き

a finishing stroke　仕上げの一筆

073 ポイント・ゲッター ── ストライカーの別称

ポイントゲッターは「得点を取る人」。ポイントは「点・先・得点」である。アポイントとなると「定める・指定する」で、アポイントメントは「約束・任命」である。近年は「アポ」などと省略して使われることが多い。これがディスアポイントとなると「失望させる」となる。おまけとして、ポインター犬を付けておこう。

ゲット（得る・獲得する）の方は、「〜をゲットする」などと日常的に使われている。野球のゲッツーは大方お馴染みだろう。フォゲットとなれば「忘れる」だ。

※ **point**［ポイント］

名 （とがった）**先**、（空間上、時間上の）**点**、**得点**　度、要点

the point of a pen　ペンの先

At that point she ran away.　その瞬間彼女は逃げ出した。

score 3 points　3点取る

the freezing point　氷点

come to the point　要点をつく

他動・自動 指し示す、とがらせる、向ける

point the way　道を指し示す

point a pencil　鉛筆をけずる

Don't point the gun at any one.　銃口を人に向けてはいけない。

── ☆ pointed [ポインティド]

形 とがった、鋭い

a pointed pencil　先のとがった鉛筆

a pointed wit　辛らつな機知

── ★ pointer [ポインター]

名 (時計、計器の)針・(地図などを指す)むち、ポインター犬(獣をかぎ
出して鼻先でその方向を指し示す猟犬)

語源 point(指し示す)

類語

☆ appoint [アポイント] 「ap－ad(〜へ)：point(指し示す)」

他動 任命する、定める・指定する

I appointed him (to be) manager.

私は彼をマネジャーに任命した。

He appointed the place for the meeting.

彼は会合の場所を指定した。

── ☆ appointment [アポイントメント]

名 任命、約束

get an appointment　職に就く

break one's appointment　約束を破る

☆ disappoint [ディスアポイント] [dis－away：appoint」

他動・自動 失望させる、(期待・約束を)裏切る・(計画を)くじく

be disappointed in one's son　息子に失望する

disappoint one's hopes　希望をくじく

── ★ disappointment [ディスアポイントメント]

名 失望

to one's disappointment　失望したことには

074　レギュラー ── レギュラープレーヤーの略で、正選手

レギュラーは「規則正しい・正規の、正選手・正規兵」、レギュレートは「規制する」だ。レギュレーションとなれば、近年何かと話題になっている「規制」である。「正しい、治める」の意のregを語源とする言葉で、リージョンとなれば「地域」、レインは「治世・統治」となる。他方、イレギュラーとなれば「不規則の」で、野球のイレギュラーバウンドのほか、「イレギュラーな事態」など一般的にも用いられている。

☆regular［レギュラー］
　⑱ 規則正しい、正規の、標準の
　　　a regular way of life　規則正しい生活
　　　a regular member　正会員
　　　(a) regular size　標準サイズ
　⑲ 正規兵、正選手、常連
── ★regulate［レギュレイト］
　　　⑯ 規制する、調整する
　　　　regulate the traffic　交通を整理する
　　　　regulate a clock　時計を調整する
　　── ☆regulation［レギュレイション］
　　　　⑲ 規制・調整、規則
　　　　　the regulation of prices　物価の規制
　　　　　traffic regulations　交通法規

語源 reg（正しい→正しく調整する・治める、王）より
類語

98

☆ region [リーヂョン]「治める地域の意」

名 地方・地域、領域

    industrial regions　工場地帯

    the region of science　科学の領域

   └── ☆ regional [リーヂョナル]

      名 地方の・地域の

        the regional wines of France

        フランスの各地方のぶどう酒

regent [リーヂェント]「治めることの意」

名 摂政・統治者

    the Prince of Regent　摂政皇太子

regal [リーガル]

名 王の・王にふさわしい

    regal government　王政

★ reign [レイン]「治めるの意」

名 治世・統治

    under the reign of Queen Elizabeth

    エリザベス女王の統治の下に

└── ☆ irregular [イレギュラ]

    形 不規則な、ふぞろいな

      irregular verbs　不規則動詞

      irregular teeth　並びの悪い歯

075 サブ [サブスティチュート] ── サブスティチュートの略で補欠

サブ [サブスティテュート] は「補欠・代用品」だ。「置く」の意の stitute と語源とする言葉で、インスティテュートは「設立する」、コンスティテュートとなれば「制定する」である。前者は研究所、学会などの名称としてよく使われるからご案内の向きもあろう。米

国の技術系大学を代表するMITは「マサチューセッツ・インスティチュート・オブ・テクノロジー」の略なのである。後者の名詞形、コンスティテューションは目下大論争となっている「憲法」だから、受験必須単語としてぜひ記憶したいところだ。

☆ substitute [**サ**ブスティテュート]

名 代用品・代理人・補欠

There is no substitute for you.
君の代わりがつとまる人はいない。

他動・自動 代わりをする

substitute margarine for butter
バターの代わりにマーガリンを使う

語源 sub（～代わりに）：**stitute**－set（置く）＝～の代わりに置く

類語

☆ institute [**イ**ンスティテュート]「in－on（～の上に）：stitute－set（置く）→～を設立する」

他動・自動 設立する・制定する

institute a society　会を設立する

名 学会・協会、研究所・（理工系の）**大学**

the institute of lawyers　法律家協会

Massachusetts Institute of Technology
マサチューセッツ工科大学・MIT

──☆ institution [インスティ**テュ**ーション]

名 設立・制定、制度、学会・協会

the institution of a new law　新法の制定

customs and institutions　習慣と制度

an educational institution　教育機関（学校）

☆ constitute [**カ**ンスティテュート]「con－together（共に）：stitute－set（置く）→組立てる、制定する」

他動 構成する、制定する・設立する

The parts constitute the whole. 部分が全体を構成する。

constitute a committee 委員会を設置する

──☆ constitution [カンスティ**テュ**ーション]

名 構成、体質、憲法

the constitution of nature 自然の構成

by constitution 生まれつき

the Constitution of Japan 日本国憲法

──★ substitution [サブスティ**テュ**ーション]

名 代用

in substitution for 〜の代用として

076 スーパー（サブ）── 試合の終盤に途中出場して結果を残すサブの選手

スーパーは「上、超」の意を表す接頭語だ。スーパーマン、スーパーマーケットなどでお馴染みだろう。スペリアとなれば「すぐれた」、スプリームとなれば「最高の」である。おまけとして、音楽のソプラノを付けておこう。

☆ super [スーパー]

接 「上、超」の意を表す

語源 super − above（上の方）、highest（最高の）より

類語

☆ superior [スピアリア]「higher の意」

形 すぐれた、上級の（上位の）

This cloth is superior to that.

この生地はあの生地よりも上等だ。

a superior court 上級裁判所

名 すぐれた人、目上の人

As a violinist, he as no superior.

バイオリニストとして彼の右へ出る者はいない。

a superior in age　年上の人

★ superiority [スピアリオーリティ]

名 優越（位）

a sense of superiority　優越感

☆ superlative [スパ～ラティヴ]

形 最高の・（文法）最上級の

the superlative degree　最上級

名 （文法）最上級・最上級の言葉

speak in superlatives　大げさに話す

☆ supreme [スプリーム]「highest（最高の）の意」

形 （地位などが）最高の、この上ない・極度の

the Supreme Court　最高裁判所 米

supreme love　至上の愛

（参考　八神純子「ラブシュープリーム～至上の愛」）

★ soprano [ソプラァノウ]

名 婦人・子供の最高音部、ソプラノ

---

077 リザーブ（プレーヤー）── 控えの選手、交代要員

リザーブは「予備・蓄え、取っておく・予約する」だ。ホテルなどを
リザーブしたことのない人は少ないだろう。「保つ」の意のserve
を語源とする言葉で、プリザーブとなれば「保存する」、オブザーブ
となれば「観察する」だ。さらに、コンサーブとなると「保存する」
で、コンサバティブは「保守的な」だ。ファッションの世界では、コ
ンサバなどと略して使われている。

☆ reserve [リザーブ]

名 予備・たくわえ

a reserve of food　食物のたくわえ

他動・自動 取っておく・残しておく、予約する

I reserve some money for future.

　私は将来の必要のためにお金を取っておく。

reserve a room at a hotel　ホテルに部屋を予約する

☆ reservation [リザベーション]

名 保留、(しばしば~ s)予約

without reservation　無条件で

make a reservations at a hotel

　ホテルの部屋を予約する

語源 re－back(後ろに)：**serve**－keep(保つ)＝しまっておく

類語

☆ preserve [プリザーブ] 「pre－before(前に)：serve(保つ)＝保存する」

他動 保存する、保護する

preserve order　秩序を保つ

preserve forests　森林を保護する

★ preservation [プリザベィション]

名 保存・保護

the preservation of peace　平和の維持

★ conserve [コンサーブ] 「con－together(共に)：serve(保つ)＝保存する」

他動 保存する

conserve one's health　健康を保持する

☆ conservative [コンサバティブ]

形 保守的な

conservative views　保守的な意見

※ observe [オブザーブ] 「ob－to(~へ)：serve(保つ)＝守る、目や意識をあ
る物に保つ」

　　　　 他動・自動　観察（測）する、守る

　　　　　　observe the stars　星を観測する

　　　　　　observe rules　規則を守る

　　──☆ observation [オブザベーション]

　　　　　　名　観察（測）

　　　　　　　　keep a record of one's observation

　　　　　　　　観察を記録に付けておく

078 キャップテン ── チームの主将

キャプテンはチームの「頭」。キャピタルとなれば「首都・大文字・資本、主要な」である。キャピタルはよくホテルの名称などに使われているが、近年、最も注目されているのはキャピタル・ゲイン（資本利得）だろう。キャピタリズムは言うまでもなく「資本主義」である。おまけとして、ケープ（岬）、キャップ（帽子）を付けておこう。

※ captain [キァプテン]

　　名　長（指導者、主将）、船長・機長、陸軍大尉・海軍大佐

　　　　a captain of industry　大企業主、大実業家

　　　　the captain of a ship　船長

語源　cap − head（頭）より

類語

※ capital [キァピタル]

　　形　主要な、大文字の、資本の

　　　　a capital city　首都

　　　　a capital letter　頭文字、大文字

　　　　capital gains　資本利得・キャピタルゲイン

　　名　首都、大文字、資本（金）

Tokyo is the capital of Japan.　東京は日本の首都である。

Write the alphabet in capitals.

　アルファベットを大文字で書きなさい。

Health is my only capital.　健康が私の唯一の資本だ。

── ☆ capitalist [キァピタリスト]

　　　名 資本家・資本主義者

　　　　capitalist countries　資本主義国

── capitalism [キァピタリズム]

　　　名 資本主義

☆ cape [ケイプ]

　　形 岬

　　the Cape of Good Hope　喜望峰

※ cap [キァップ]

　　名 帽子

　　put on (take off) a cap　帽子をかぶる（脱ぐ）

　　他動 帽子をかぶせる・ふたをする

　　cap a bottle　びんにふたをする

079 レフリー ── 審判

レフリーは「審判員・調停者」、リファーは「参照する、任せる」、リファレンスは「参照」である。レファレンスブックとなれば参考書であるが、近年、図書館利用者の便宜を図るレファレンスサービスがかなり充実してきたと聞く。「運ぶ」の意のfer を語源と言葉で、オファーとなれば「提供する、申し込む」、ディファーとなれば「異なる」だ。さらに、プリファー（〜より〜を好む）、トランスファー（運ぶ）なども大変重要な言葉と言えよう。芸能ファンなら出演の申し込み、野球ファンなら、移籍申し込みに関してオファーが使われていることをご承知だろう。

★ referee [レフェリー]

名 審判員、調停者（問題の解決を委任された人）

└─ ☆ refer [リファ～]

自動・他動 参照する・言及する、参照させる、任せる

refer to a dictionary　辞書を引く

refer to another's words
　人の言葉に言及する、人の言葉を引く

He referred me to books on biology.
　彼は私に生物学の本を参照するように言った。

refer the question to a committee
　問題を委員会に任せる

└─ ☆ reference [レファレンス]

名 参照、言及

a reference book　参考書

The book has many references to Japan.
　その本は日本への言及箇所が多い。

語源 re－back：fer－bring（運ぶ）＝元のところに持ってくる

類語

★ confer [コンファ～]「con－together（共に）：fer（運ぶ）＝共にもたらす、多くの意見を共に集めて運ぶ」

自動・他動 協議する、授ける

He conferred with the lawyer about a matter.
　彼は問題について弁護士と相談した。

The prize was conferred upon him.
　その賞は彼に与えられた。

└─ ☆ conference [カンファランス]

名 相談・会議

a press conference　新聞記者会見

☆ differ [ディファ]「di－apart（別々に、離れて）：fer（運ぶ）＝別々に持ってくる

→異る」

自動 異なる、意見が違う

A national flower differs from country to country.

国花は国によって違う。

I differ with you on this point.

私はあなたとこの点で意見が違う。

※ **different** [ディファレント]

形 違う、いろいろの

My tastes are different from yours.

私の趣味は君のと違う。

There are different kinds of flowers in the garden.

庭にはいろいろな種類の花がある。

★ **indifferent** [インディファレント]「別になっていない→自他を区別し

ない→どうでもよい」

形 無関心な・冷淡な

He is indifferent to his clothes.

彼は服装にむとんちゃくだ。

☆ **difference** [ディファレンス]

名 相違

make a difference　差別する、相異を生じる

★ **differential** [ディファレンシャル]

形 差別的な

differential duties　差別関税

(参考　ディファレンシャルギア「自動車の差動ギア」)

※ **offer** [オーファ]「of－to：fer(運ぶ)＝～へ持ってくる→提供する」

他動・自動 提供する、申し出る

I offered her my seat.　私は彼女に自分の席を提供した。

He offered to help me.　彼は私を助けると申し出た。

名 提供・申し出

an offer of information　情報の提供

☆ prefer [プリファ〜]「pre－before：fer(運ぶ)＝先に持ってくる→好む」

(他動) ～より～の方を好む・よいと思う

I prefer spring to fall.　私は秋よりも春が好きだ。

└── ☆ preference [プレファランス]

(名) 好み・好物

What are your preferences?

あなたの好物は何ですか。

☆ transfer [トゥランスファ〜]「trans－across(向こうに)：fer(運ぶ)」

(他動・自動) 移す・運ぶ・乗り換える、移る

transfer a boy to another school

子供を他の学校に転校させる

We transferred from the train to a bus.

我々は列車からバスに乗り換えた。

Our office will transfer to Tokyo next month.

我々の事務所は来月東京に移ります。

(名) 移転、乗り換え(発音注意)

---

080 (マッチ)コミッショナー ── 試合会場に於ける全ての出来事に関して監督し、運営上の最終的な判断を行う人

コミッショナーは「理事・長官」、コミッティは「委員会」、コミットは「委託する」である。mit (送る) を語源とする言葉で、アドミットとなれば「入れる・認める」、パーミットは「許す」、オミットは「省く」である。さらに、エミットとなれば「発する」で、環境問題の議論に出てくる「ゼロ・エミッション」に直結する。まあ、ミッション (使節団) はいいとしてもミサイルなどを送られては迷惑千万である。余談ともなるが、スポーツ界の最高権威とされるIOCは「インターナショナル・オリンピック・コミッティ」の略である。

☆ commissioner [コミショナ]

名 委員・理事・長官

a chief commissioner of police　警視総監

── ☆ commit [コミット]

他動 委託する

I commit my son to your care.

息子の世話をあなたにお任せする。

語源 com－with(ともに)：mit－send(送る)＝いっしょに送る→委託する

類語

☆ admit [アドミット]「ad－to(～に)：mit(送る)＝送り入れる→入れる」

他動 入れる・入場(入学、入会)を認める、認める

This hall admits about 800 people.

このホールは約800人を収容できる。

He admitted his mistake.　彼は自分の誤りを認めた。

── ☆ admission [アドミション]

名 入場(入学、入会)許可・入場料、承認

an admission ticket　入場券

make an admission of　～を認める

★ emit [エミット]「e－out(外へ)：mit(送る)＝発する」

他動 発する・出す

A volcano emits smoke and ashes.　火山は煙と灰を吹き出す。

── ☆ emission [エミション]

名 発散

★ omit [オウミット]「o－by(向こうへ)：mit(送る)＝見送る→省略する」

他動 省く・抜かす、忘れる

This word may be omitted.　この語は省いてもよい。

I omitted to lock the door.　私はドアに鍵をかけるのを忘れた。

☆ permit [パミット]「per(～を通して)：mit(送る)＝通過させる→許す」

他動・自動 許可する・許す

Parking is not permitted here.

ここは駐車が許可されていない。

名 許可証

─☆ **permission** [パミション]

名 許可

No admittance without permission.

許可なく入場禁止（掲示の文句）

☆ **submit** [サブミット] 「sub（下へ）：mit（送る）＝〜の下に置く、従わせる」

他動・自動 服従させる、提出する

submit oneself to 〜に服従する

You must submit your report to me by tomorrow.

あすまでに報告書を私に提出しなさい。

☆ **transmit** [トゥランスミット] 「trans（向こうへ）：mit（送る）＝送る」

他動 送る・伝える

transmit news by wire 電信でニュースを伝える

─☆ **transmission** [トゥランスミション]

名 伝達・伝送

transmission of heat 熱の伝導

☆ **mission** [ミション] 「送られたものの意」

名 使節団、使命

a trade mission 貿易使節団

one's mission in life 一生の使命

☆ **missile** [ミサイル]

名 ミサイル・弾道弾、飛び道具

a missile base ミサイル基地

─☆ **committee** [コミティ]

名 委員会・(全)委員

The committee are all against it.

委員たちはみなそれに反対している。

☆ commitment［コミトメント］

名 委託、公約

☆ commission［コミション］

名 委任、委員会、委託手数料（コミッション）

commission sale　委託販売

the Atomic Energy Commission

（米国）原子力委員会

a commission of 20 percent on all sales made

全売上高の20％の委託手数料

5 その他

081 (J)リーグ ── (ジャパン・プロフェッショナル・サッカー)リーグの略称

> リーグは「連盟・同盟」だ。やや難しいが、この語源は「しばる」の意のligで、オブリゲーション(義務)、レリジョン(宗教)につながっている。確かに、ともに人の心を強く縛り付けるものといえるだろう。

☆ **league** [リーグ]

名 同盟・連盟

in league with ～と同盟して

自動・他動 同盟する

We leagued with them. 我々は彼らと同盟した。

語源 lig − bind(しばる)より

類語

☆ **oblige** [オブライヂ]「ob − near:lige − bind(しばる)→しばりつける」

他動 強制する

be obliged to do ～せざるを得ない

└─☆ **obligation** [アブリゲイション]

名 義務、恩義

You have no obligation to help us.

あなたは我々を援助する義務(必要)はない。

repay an obligation 恩を返す

※ **religion** [リリーヂョン]「re(強意):lig − bind(結ぶ):ion(名詞語尾)=人の心を強く結び付けるもの」

名 宗教・宗派、信仰

the Buddhist religion 仏教

enter (into) religion 信仰に入る

サポーターは「支持者・後援者・支持する物」、サポートは「支える、支持」だ。「運ぶ」の意のportを語源とする言葉で、エクスポートとなれば「輸出する」、インポートは「輸入する」、レポートは「報告する」、トランスポートは「輸送する」だ。ラジオなどのポータブル、駅などのポーターが分かれば理解は早い。さらに言えば、インポートには「意味する、重要」の意味もあることにも注意しよう。大方はお馴染みのインポータント (重要な) はここからでているのだ。

☆ supporter [サポータ]

> **名** 支持者・後援者・支持するもの
>
> the king and his supporters　王様と彼の支持者

── ※ support [サポート]

> **他動** 支える、支持する
>
> The four posts support the roof.
> 4本の柱が屋根を支えている。
>
> I will support your plan.　あなたの計画を支持しましょう。
>
> **名** 支持、支え
>
> He needs our support.　彼は私達の援助を必要としている。
>
> walk without support　支えなしで歩く

語源 sup − under(下に)：**port** − carry(運ぶ)＝下から運ぶ→担う・支える

類語

☆ export [エクスポート]「ex − out(外へ)：port(運ぶ)」

> **他動** 輸出する
>
> Japan exports cars to other countries.
> 日本は自動車を諸外国に輸出する。
>
> **名** 輸出・輸出品
>
> Wool is an important Australian export.

羊毛はオーストラリアの重要な輸出品です。

☆ import [インポート] 「im – in（中に）：port（運ぶ）」

他動 輸入する、（文語）意味する

We import coffee from Brazil.

我々はブラジルからコーヒーを輸入する。

What do your words import?

あなたの言葉はどういう意味ですか。

名 輸入・輸入品、（文語）意味・重要性

the import of foreign cars　外車の輸入

a matter of little import　たいした重要性のないこと

importation [インポーテイション]

名 輸入・輸入品

※ important [インポータント]

形 重要な・大切な

Health is more important than wealth.

健康は富より大切です。

※ importance [インポータンス]

名 重要性・有力

a matter of importance　重大事

※ report [リポート] 「re – back（元へ）：port（運ぶ）＝もとへ運ぶ」

他動・自動 報告（道）する

The radio reported his winning.　ラジオが彼の勝利を報道した。

名 報告・レポート、うわさ・評判

a school report　成績通知簿

a man of good report　評判のよい人

☆ reporter [リポータ]

名 報告者、探訪記者・レポーター

☆ transport [トゥラァンスポート] 「trans – across（向へ）：port（運ぶ）」

他動 輸送する

transport goods from Tokyo to Osaka

114

商品を東京から大阪へ輸送する

└─☆ transportation [トゥラァンスポ**テ**イション]

    名 輸送、輸送機関 (米)

       a means of transportation　輸送 (交通) 機関

☆ portable [**ポ**ータブル] 「port (運ぶ)：able (形容詞語尾)」

   形 持ち運び出来る・携帯用の・ポータブルの

     a portable radio　ポータブルラジオ

☆ porter [**ポ**ータ] 「port (運ぶ)：er (名詞語尾)」

   名 運搬人・ポーター

---

083 エキシビション (マッチ) ── 公開模範試合

エキシビジョンは「展示・展示会」、エクジビットは「示す・公開する」である。プロヒビットとなれば「禁じる」、バビットとなれば「習慣・癖、装う」である。やや難しいが、エクスビショニズムは「露出狂・自己顕示欲」である。

☆ exhibition [エクス**ィビ**ション]

   名 展示 (会)、示すこと

     an art exhibition　美術展覧会

     an exhibition of bravery　勇気を示すこと

└─☆ exhibit [エグ**ズ**ィビット]

    他動・自動 示す、公開する・展示する

      He exhibited anger.　彼は怒りを表した。

      This film was first exhibited last year.

       この映画は昨年初めて公開された。

語源 ex‐out：**hibit**‐hold (保つ)、have (持つ)→外に保つ、示す

類語

★ prohibit [プロ(ウ)ヒビット]「pro−before：hibit(保つ)→人の前に持つ→
邪魔をする」

他動 禁じる、妨げる

Smoking is prohibited here.　ここでは禁煙です。

An accident prohibited him from coming.
　　彼は事故で来られなかった。

★ inhibit [インヒビット]「in−in：hibit(保つ)→内に入れて置く→抑える」

他動 抑える・妨げる

The paint inhibits rust.　塗料はサビを抑える。

☆ habit [ハァビット]「habit−hold(保つ)、have(持つ)→保ち続ける」

名 習慣・癖

A habit is second nature.　習慣は第二の天性。《諺》

他動 装う、(英古語)～に住む

be habited in　～を着ている

☆ inhabit [インハァビット]「In(中に)：habit(保つ)」

他動 住む

inhabit a town　町に住む

☆ inhabitant [インハァビタント]

名 住人・居住者

The town has 20,000 inhabitants.
　　その町の住人は2万人である。

　　　　　★ exhibitor [エグズィビタ]
　　　　　　　名 出品者

084 ハット・トリック ── 一試合で同一のプレーヤーが3得点をあげること

ハットトリックは「ハット（帽子）」と「トリック（たくらみ・芸当）」が
結び付いたもので、意味不明であるが、クリケットにおいて、投手
が打者3人を連続してアウトにしたとき、帽子をおくって表彰した

故事にもとづくと聞く。まさしく「脱帽の技」といったところだろうか。全くの余談ともなるが、いささかのウンチクを披露させていただいた。

※ hat［ハァット］

名 帽子

hat in hand　帽子を手にして、うやうやしく

☆ trick［トゥリック］

名 たくらみ、いたずら、手品・芸当

He got money from the old woman by a trick.
彼はごまかしてその老女から金をとった。

He was always playing tricks on others.
彼は他人にいたずらばかりしている。

他動・自動 だます・だまして〜させる

They tricked him into confession.
彼らは彼をだまして自白させた。

085 プレミア（リーグ）― イングランドにおけるプロサッカーの一部リーグ

プレミアは「最高の・最古の」だ。「第一の」の意のprim・prinに由来する言葉で、放送などのプライムタイム（看板番組が並ぶ特別な時間帯）、通販のプレミアム会員（特別会員）、映画・演劇などのプレミアショー（特別封切・初日）など、お馴染みの言葉に繋がっている。プリンスなどはあえて言うまでもないだろう。大切な言葉だから、プリミティブ（原始の・未開の）、プリンシプル（原理）も最後に付け加えておこう。いずれも時としては日常的にも用いられている。

☆ premier［プリーミア］「prem－prim」

形 最高の、最古の

take the premier place　最上地位を占める

名 首相、総理大臣

語源 prim(prin) – first(第一の)

類語

☆ prime [プライム]

    形 第一の・最初の、主要な・最も重要な

        the Prime Minister　総理大臣

    名 最盛期

        Apples are just now in their prime.

         りんごは今がちょうど盛りだ。

☆ primary [プライメリ]

    形 第一の・主な、初歩の、根本の

        one's primary goals in life　人生の主要目的

        primary education　初等教育

        the primary meaning of a word　ことばの基本的な意味

☆ primitive [プリミティヴ]

    形 原始の、原始的な

        primitive ages　原始時代

        primitive tools　原始的な道具

☆ principal [プリンスィパル]

    形 主要な・第一の

        the principal industries　主要産業

    名 校長

☆ principle [プリンスィプル]

    名 原理

        the principle of Archimedes　アルキメデスの原理

☆ prince [プリンス]「第一の場所を占める者の意」

    名 王子

☆ premiere [プリミエール]

    名 (映画・演劇)初日、(映画の)**特別封切・プレミアショー**

● 著者プロフィール

小林一夫

1938年東京生まれ。千葉県習志野市在住。日本学園中学校、開成学園高等学校、東京大学、東京都立大学卒業。大日本インキ化学工業（現DIC）広報部長を経て、川村記念美術館、華服飾専門学校、華ビジネス専門学校、日本スクールシステム機構などに在籍。IIE（目標達成型セルフコーチング）インストラクター。現在、習志野スコーレ企画代表。著書・講演多数。
https://schole-kikaku.com

● 主なる著書
『カタカナ語で覚える重要英単語2000』講談社α文庫／電子書籍にて配信中
『カタカナ語で覚える重要語源200・重要単語1800』
　　東京図書出版会／電子書籍にて配信中
『野球ファンのための面白くてタメになる英単語読本』文芸社
『スポーツから学べるらくらく英単語読本』パレードブックス
『音楽から学べるらくらく英単語読本』パレードブックス
『エンタメから学べるらくらく英単語読本』パレードブックス
『ファッションから学べるらくらく英単語読本』パレードブックス
『テニスから学べるらくらく英単語読本』パレードブックス

得意を活かす英単語帳シリーズⅤ
for サッカーファン・サッカー部員
サッカーから学べるらくらく英単語読本

2023年8月21日　第1刷発行

著　者　小林一夫

発行者　太田宏司郎

発行所　株式会社パレード
　　　　大阪本社　〒530-0021　大阪府大阪市北区浮田1-1-8
　　　　　　　　　TEL 06-6485-0766　FAX 06-6485-0767
　　　　東京支社　〒151-0051　東京都渋谷区千駄ヶ谷2-10-7
　　　　　　　　　TEL 03-5413-3285　FAX 03-5413-3286
　　　　https://books.parade.co.jp

発売元　株式会社星雲社（共同出版社・流通責任出版社）
　　　　　　　　　〒112-0005　東京都文京区水道1-3-30
　　　　　　　　　TEL 03-3868-3275　FAX 03-3868-6588

印刷所　創栄図書印刷株式会社